女子國文教科書

上海商務印書館

商务女子国文教科书

戴克敦 蒋维乔 庄俞 沈颐 编著

经典民国老课本

山东人民出版社
国家一级出版社 全国百佳图书出版单位

图书在版编目（CIP）数据

商务女子国文教科书 / 戴克敦，蒋维乔，庄俞，沈颐编著. -- 济南 ：山东人民出版社，2017.3（2024.1 重印）
ISBN 978-7-209-10291-9

Ⅰ. ①商… Ⅱ. ①吴… ②庄… ③沈… Ⅲ. ①小学语文课－教材 Ⅳ. ① G624.201

中国版本图书馆 CIP 数据核字（2017）第 031928 号

商务女子国文教科书

戴克敦　蒋维乔　庄俞　沈颐　编著

主管部门　山东出版传媒股份有限公司
出版发行　山东人民出版社
社　　址　济南市胜利大街 39 号
邮　　编　250001
电　　话　总编室（0531）82098914
　　　　　市场部（0531）82098027
网　　址　http://sd-book.com.cn
印　　装　三河市华东印刷有限公司
经　　销　新华书店

规　　格　32 开（140mm×210mm）
印　　张　9
字　　数　50 千字
版　　次　2017 年 3 月第 1 版
印　　次　2024 年 1 月第 2 次
I S B N　978-7-209-10291-9
定　　价　52.00 元

出版说明

教科书，俗称课本，我们都很熟悉。它在潜移默化间提高了人们的认识，塑造了国民的精神，其重要性不言而喻。教科书还有鲜明的时代烙印，它忠实记载了当时的政治、经济、社会等各种情况，因而有重要的研究价值。

为一般人所不大了解的是，教科书源于西方。我国的教科书史并不长，现在刚过百年。我国最早的教科书出于来华的西方传教士之手，国人自编教科书则始于十九世纪八十年代。一九〇三年清政府统一全国学制，在国家制度层面为教科书的发展提供了平台。一大批知名学者与新文化代表人物如张元济、蔡元培、杜亚泉、高梦旦、王云五、胡适、吴研因等其时纷纷投身教科书的编写，以商务印书馆为代表的各出版机构的领导人积极运作，组织高水平队伍，筚路蓝缕，呕心沥血，上下求索，编写、出版了一套套内容与形式俱佳的教科书，为我国教科书编写、出版奠定了良好的基础。

这些教科书取得了令人惊叹的成就。像商务印书馆一九一二年出版的《共和国教科书新国文》，全书一共八册，到一九二七年前后还在出版，目前所能见到的印次最多的一册印行了二千五百六十次（实际印次可能比这还要多），其中有些课文语言甚至成为熟语，如『小猫三只四只』，后来成为上海及其附近地区形容营业场所顾客稀少或开会到会人数寥寥的意思，可见这套书的影响之大。商务印书馆推出的其他教科书以及后起之秀中华书局、世界书局、大东书局等推出的教科书也都特色鲜明，受到各新式学校的青睐采用，出版后一版再版甚至重印几十上百次的屡见不鲜。

教科书性质特殊，虽曾大量印制，但很少被收藏，所以早期教科书被完整保存下来的不多，作为出版者，我们满怀深情地回眸凝望那些凝聚着前人心血和智慧、在教育史上产生了深远影响的老课本，希望有机会陆续把它们奉献到大家的面前。这也是我们的责任所在。创新总是在继承的基础上进行的。现首批推出六种，分别是商务印书馆一九一二年版的《共和国教科书新国文（初小）》、《女子国文教科书》订正版，一九三二年版的《新学制国语教科书

（初小）》，世界书局一九三三年版的《国语新读本》，大东书局一九三三年版的《新生活国语教科书》，世界书局一九三三年版的《模范公民（公民训练小册）》。其中前五种为语文教科书，由浅近的文言体到白话文，可以看出语文教科书的发展轨迹。它们的共同特点是：一、均面向小学低年级读者；二、编写、校订者为教育大家或专家，熟悉儿童心理；三、选文符合儿童生活与儿童心理，富于情趣；四、编排循序渐进，由浅入深，易于接受；五、选文注重对儿童进行知识与品德等多方面的教育，注重培养适应时代需要的人才；六、插图生动活泼，与文字相得益彰。《模范公民（公民训练小册）》相对特殊，它是早期教科书中修身、公民教育的一种，编写目的是督促小学生按规范的思想、道德和行为标准而生活，成为合格公民。其训练目标具体、细致，形式新颖、别致，对于今天的读者，特别是小朋友来说，仍不失为一种很生动、独特的成长读本。

在《经典民国老课本》书系的编辑上，有两层意思，一是精选品种，二是精选内容。高年级的课文插图渐少，文章渐长，我们的选文随之减少，对于一些不合时宜的内容我们也做了处理，努力使最后保留下来的内容健康、活泼，适于阅读。在呈现形式上，我们经过再三考虑，在原文、原图之外，依据每课内容列出了繁简字对照表（其中少量为异体字），这样做的目的是希望青少年读者能在阅读的同时由此认识一些繁体字。前辈们在文化教育领域创造出的业绩是令人钦佩的。我们在书中专门介绍了编写、校订、绘图者的生平事迹，希望能让他们为大家所认识。同时也祈请至今未能联系上的相关著作权人能及时与我们联系，以便奉上稿酬。

编著者

戴克敦（1872—1925）中国近现代出版家。字懋哉，前清秀才。浙江杭州人。曾就职于商务印书馆，任国文部编辑。一九一二年，与陆费逵共同创立中华书局。历任书局董事、事务所所长，一九一六年，任编辑长。主持编写了大量教科书。

蒋维乔（1873—1958）著名教育家、哲学家、佛学家。字竹庄，别号因是子。江苏武进人。一九〇三年应蔡元培之聘，赴沪任『爱国学社』『爱国女学』教员。后进商务印书馆编译所，从事小学教材的编写，并主持小学师范讲习所，创设商业补习学校、工人夜校。辛亥革命后，曾任教育部秘书长、参事。一九一三年辞职返沪，仍入商务印书馆，主持编辑中学及师范学校教材。一九二二年出任江苏省教育厅长。一九二五年出任东南大学校长。一九二九年受聘为上海光华大学哲学系教授、中文系主任、教务长、文学院院长。

庄俞（1876—1940）近现代出版家、教育家。名亦望，字百俞，又字我一，别号梦枚楼主。江苏武进人。一九〇三年入商务印书馆，供职三十年，先后参加编写《最新教科书》《简明教科书》《共和国新教科书》《单级教科书》等多种课本。徐悲鸿困顿时有人向他推荐徐的画，他们本是同乡，庄俞却本着对工作负责的精神，认为徐的画不适合作教科书插图，予以退还。徐悲鸿深受打击，几欲自杀，后发愤成为艺术大师。庄俞去世时，张元济作《挽庄百俞联》，联曰：『如此岁月如此山河翻幸百罹长解脱，可共安乐可共患难最怜卅载旧知交。』

沈颐 中国近现代出版家。字朵山。江苏武进人。曾任商务印书馆国文部编辑，参编《初等女子国文教科书》等多种中小学教科书。一九一二年一月一日与陆费逵、戴克敦等五人集资创办中华书局，为辞典部部长。后主持编写《辞海》。

校订者

高梦旦（1870—1936）中国近现代最富实绩和最具声望的出版家之一。原名凤谦，号梦旦。福建长乐人。任商务印书馆编译所所长至五十一岁，主动请辞，并亲赴北京，邀请不满三十岁的胡适担纲，胡适推荐老师王云五。王云五当时毫无名气，人们怀疑他的才能，高梦旦却尽心帮他熟悉各项工作，在王接手后还尽力辅佐。有人不解，他解释道：『公司犹国家也。谋国者不可尸位，当为国求贤……国方得以长久。』高梦旦识才爱才。他提升青年沈雁冰任《小说月刊》主编，沈要求：现存稿子都不能用；全部改用五号字；馆方应当让其全权办事，不能干涉编辑方针。高梦旦全部应允。商务众人，出身、经历、利益、性格均不相同，高梦旦以理游说折冲其间，三十余年始能无大冲突，被称为商务不可少之『润滑剂』。

张元济（1867—1959）近现代大出版家。字筱斋，号菊生。浙江海盐人。清光绪进士。曾任刑部主事、总理各国事务衙门章京。戊戌变法时光绪帝曾破格召见，政变后被革职。后在上海致力文化事业，主持商务印书馆，校有百衲本《二十四史》，影印《四部丛刊》，辑有《续古逸丛书》。新中国成立后任上海文史馆馆长、商务印书馆董事长，并当选为全国人大代表。著有《校史随笔》《涵芬楼烬余书录》等。

目录

第一册

第一课……003
第七课……004
第八课……005
第九课……006
第十课……007
第十一课……008
第十四课……010
第二十课……012
第二十四课……014
第二十五课……015
第二十六课……016
第二十七课……017
第二十八课……018
第二十九课……019
第三十一课……020
第三十二课……022
第三十七课……024
第三十八课……025
第三十九课……026
第四十课……028
第四十一课……030
第四十三课……032
第四十四课……034
第四十七课……036
第四十九课……038
练习……040

第二册

第一课……045
第二课……046
第三课……047
第四课……048
第七课……050
第八课……051
第九课……052
第十一课……054
第十二课……055
第十三课……056
第十四课……058
第十六课……060
第十七课……062
第二十一课……063

第二十二课……064
第二十三课……067
第二十四课……068
第二十五课……070
第二十六课……072
第二十七课……074
第二十八课……075
第二十九课……076
第三十课……077
第三十二课……078
第三十四课……080
第三十五课……082
第三十六课……083
第三十七课……084
第三十八课……086
第三十九课……088
第四十课……090
第四十一课……092
第四十二课……094
第四十三课……095
第四十四课……096
第四十五课……097
第四十六课……098
第四十七课……100
第四十八课……101
第四十九课……102
第五十课……104

第三册

第三课 姊弟……107
第四课 布……108
第六课 熨斗……110
第八课 舟行……111
第九课 渔翁……112
第十课 金鱼……114
第十一课 笋……116
第十二课 蝴蝶……118
第十三课 茶……119
第十五课 兽……120
第十六课 指甲……122
第十七课 风车……123
第十九课 松……124
第二十六课 玫瑰……126
第二十七课 教弟……128
第二十八课 樱桃……129
第二十九课 麦……130
第三十课 群雀……132
第三十一课 驯犬……134

第三十四课 秋千……136
第三十五课 萤……138
第三十六课 蝇食蜜……139
第三十七课 清洁……140
第三十八课 洗衣……143
第三十九课 鹦鹉……144
第四十课 荷花……146
第四十二课 夏雨……148
第四十三课 蜻蜓……149
第四十四课 蜘蛛……150
第四十五课 李母……151
第四十六课 纳凉……152
第四十七课 蛙……154

第四册

第四课 小井……157
第六课 采菱……158
第七课 早起……160
第八课 读书……161
第九课 蟋蟀……162
第十课 衣服……163
第十一课 借物……164
第十二课 器具……165
第十三课 湖……168
第十五课 桂花糖……169
第十七课 米……170
第十八课 果园……172
第十九课 画竹……173
第二十二课 车……174
第二十三课 妆饰……176
第二十四课 父母之恩……179
第二十五课 鸦……180
第二十六课 吉凶……182
第二十七课 小鸟……184
第二十八课 爱姊……186
第二十九课 围巾……188
第三十课 家信……189
第三十一课 捕蟹……192
第三十四课 缝衣……194
第三十五课 染布……195
第三十六课 腌菜……196
第三十七课 卖菜……197
第三十八课 黄豆……198
第三十九课 乡妇……200
第四十课 山……201
第四十一课 犬衔肉……202
第四十二课 猫……204
第四十三课 姊妹同游……205

第四十四课 同学相助…… 206
第四十五课 火…………… 207
第四十六课 雪…………… 208
第四十七课 戒谩语……… 210
第四十八课 甄女………… 212
第四十九课 粉…………… 213
第五十课 日时………… 214

第五册

第二十课 桑…………… 219
第二十一课 蚕…………… 220
第二十二课 缫丝………… 223
第二十五课 造花………… 225
第二十六课 花…………… 226
第三十三课 造屋………… 229
第三十九课 三牛………… 232
第四十课 象…………… 233

第六册

第四课 戒傲慢……… 237
第十三课 跳绳………… 238
第十四课 菜圃………… 240
第二十八课 烹饪………… 241
第四十四课 冬至………… 244

第七册

第六课 守时刻……… 247
第十二课 鸟…………… 248
第二十四课 农…………… 250

第八册

第一课 明马皇后…… 255
第三课 虫…………… 256
第十一课 棉花………… 258
第三十二课 音乐………… 260
第四十五课 兵…………… 263
第五十课 毕业………… 266

第一册

第一課

人

女

刀

山

第七課

白布兩尺

手巾一方

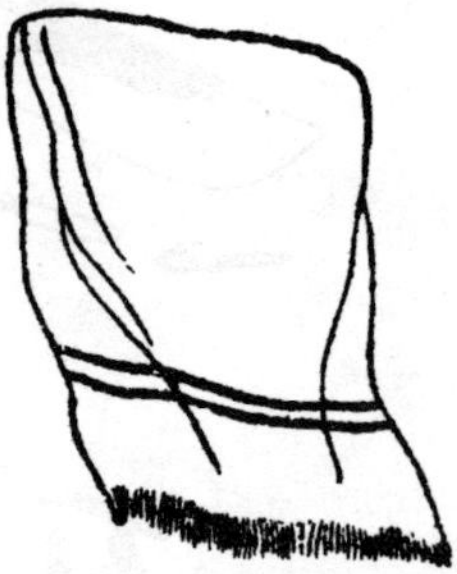

繁与简
兩（两）

第八課

長廊　小井

花瓶　水壺

繁与简

長（长）　壺（壶）

第九課

窗前

几上

穿針

量布

繁与简

針（针）

第十課

剪刀裁衣

白米煮飯

繁与简
飯（饭）

第十一課

正月

二月

三月

第十一課

梅花

杏花

桃花

第十四課

天明

日出

人起

第十四課

開窗　掃地　拭几

繁与简
開（开）
掃（扫）

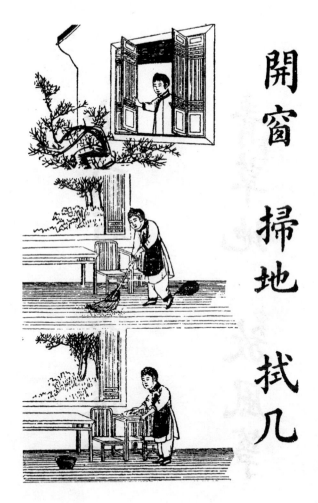

第二十課

汝前行　我後行

青草地　放風箏

繁与简

後（后）

風（风）

第二十四課

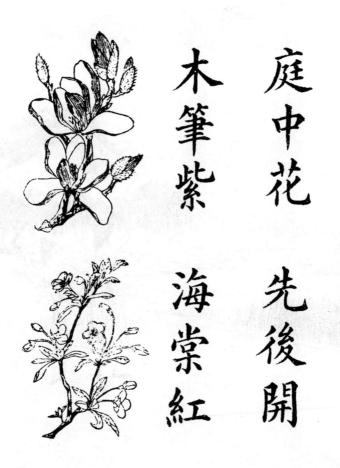

庭中花
先後開
木筆紫
海棠紅

繁与简

後（后）
開（开）
筆（笔）
紅（红）

第二十五課

三四月
桑葉綠
手提筐
往採桑

繁与简
葉（叶）
綠（绿）
採（采）

第二十六課

竹生筍
竹筍尖

菜開花
菜花黃

繁与简
筍（笋）
開（开）

第二十七課

門外犬
田中牛
犬守門
牛耕田

繁与简
門（门）

第二十八課

母與女
作新衣
内衣短
外衣長

繁与简

與（与）
長（长）

第二十九課

水滿池
花滿架
魚游水
蝶穿花

繁与简
滿（满）
魚（鱼）

第三十一課

水牛
牛角

山羊
羊毛

第三十一課

白馬　黃犬

馬足　犬牙

繁与简

馬（马）

第三十二課

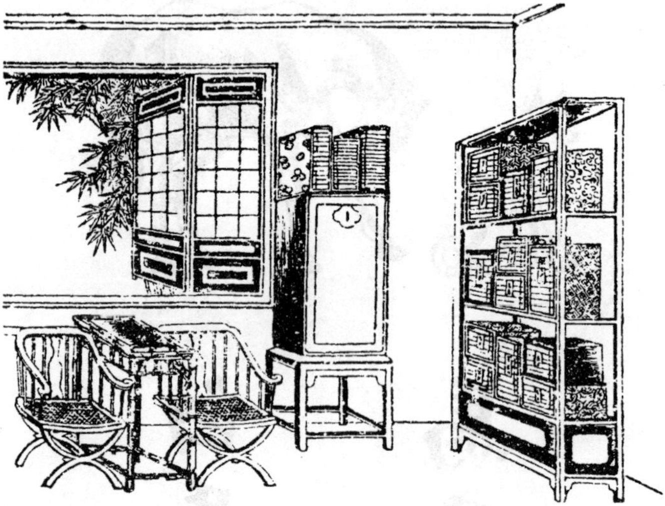

書房一間
紙窗竹几

繁与简
書（书）
間（间）
紙（纸）

第三十二課

水盂

墨盒

筆架

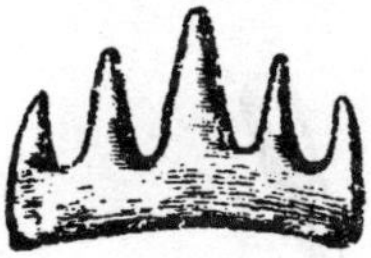

硯池

繁与简

筆（笔）

硯（砚）

第三十七課

針尖

線長

針與線

可作衣

木杵

石臼

杵與臼

可舂米

繁与简

針（针）

線（线）

長（长）

與（与）

第三十八課

斗大

升小

五斗米

三升豆

第三十九課

五月五名端午
石榴花
朵朵紅

繁与简
紅（红）

第三十九課

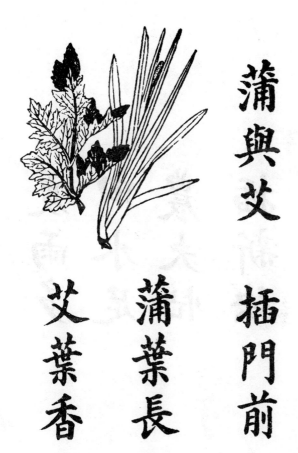

蒲與艾
插門前
蒲葉長
艾葉香

繁与简
與（与）
門（门）
葉（叶）
長（长）

第四十課

夏雨多
田水足
農夫忙
插新秧

繁与简
農（农）

第四十課

農家婦
送午飯
提小筐
村前行

繁与简
婦（妇）
飯（饭）

第四十一課

東西鄰
有二女
一姓張
一姓黃

繁与简

東（东）
鄰（邻）
張（张）

第四十一課

小井旁
同汲水
彼洗菜
此洗衣

第四十三課

青草上
有飛螢
隨風來
點點明

繁与简
飛（飞）
螢（萤）
隨（随）
風（风）
來（来）
點（点）

第四十三課

長廊下
一女子
手持扇
撲飛螢

繁与简
長（长）
撲（扑）

第四十四課

米多少
用斗量
布長短
用尺量

繁与简
長（长）

第四十四課

米十升爲一斗

布十寸爲一尺

繁与简

爲（为）

第四十七課

花園旁
有荷塘
我乘船
去採荷

繁与简

園（园）
採（采）

第四十七課

荷葉綠
荷花紅
微風吹
香滿船

繁与简

葉（叶） 綠（绿） 紅（红） 風（风） 滿（满）

第四十九課

日正午
蜻蜓飛
黑雲起
大雨來

繁与简
飛（飞）
雲（云）
來（来）

第四十九課

雨已晴
夕陽明
柳枝上
有蟬鳴

繁与简
陽（阳）
蟬（蝉）
鳴（鸣）

練習

米粉　柴房　竹枝　木板　暑天　夜半

天熱　汗多　天寒　穿衣

窗前　端坐　温書完　學畫花

微雨晴　天將晚　月已出　照紗窗

春山好　夏雨多　黑雲密　雨點大

草地上　人一隊　分兩排

繁与简

練（练）習（习）熱（热）書（书）學（学）畫（画）將（将）紗（纱）雲（云）點（点）隊（队）兩（两）

練習

乘小船 入荷塘 水面荷 花正開

子孝父 弟敬兄 兄送妹 去讀書

口中齒 分上下 秧三寸 水一盆

姊招妹 往園中 立花前 撲蜻蜓

風吹柳 柳葉疏 上有蟬 風前鳴

正月中 學堂開 六月中 放假回

繁与简

開（开） 讀（读） 齒（齿） 園（园） 撲（扑） 風（风） 葉（叶） 蟬（蝉） 鳴（鸣）

第二册

第一課

秋風起　天漸涼

暑假滿　進學堂

課堂開　同學來

讀國文　第二冊

繁与简

風（风）漸（渐）滿（满）學（学）課（课）開（开）讀（读）國（国）冊（册）

第二課

口中渴
茶葉綠

田中人
採西瓜
瓜形圓
瓜味甜

可飲茶
茶味香

繁与简
飲（饮）
葉（叶）
緑（绿）
採（采）
圓（圆）

第三課

剪與針
置几上
剪裁布
針縫衣
妹見姊
作女工
取絲線
學穿針

繁与简

與（与）針（针）縫（缝）見（见）絲（丝）線（线）學（学）

第四課

河邊柳
山下松
柳條長
松針密

繁与简
邊（边）
條（条）
長（长）
針（针）

第四課

水面菱

菱有角

泥中藕

藕有節

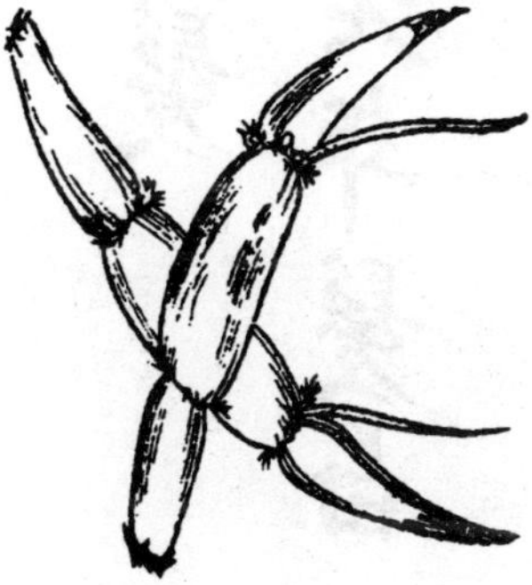

繁与简

節（节）

第七課

頭上生髮
少年髮黑　老年髮白
鼻下有口
食從口入　言從口出

繁与简
頭（头）
髮（发）
從（从）

第八課

門前種槐
枝高葉密
上有鳥巢
紅日既升
羣鳥出巢
飛鳴不已

繁与简

門（门）　種（种）　葉（叶）　鳥（鸟）　紅（红）　羣（群）　飛（飞）　鳴（鸣）

第九課

八月十五
中秋佳節
月明如晝

繁与简
節（节）
晝（昼）

第九課

桂花已開
涼風徐來
滿院花香

繁与简

開（开）涼（凉）風（风）來（来）滿（满）

第十一課

夜半人靜
階下蟋蟀
鳴聲唧唧

繁与简
靜（静）
階（阶）
鳴（鸣）
聲（声）

第十二課

今日天陰
曉霧漸濃
細雨如絲
天晚雨止
風吹雲散
明月初出

繁与简
陰（阴）
曉（晓）
霧（雾）
漸（渐）
濃（浓）
細（细）
絲（丝）
風（风）
雲（云）

第十三課

燕築巢

居梁上

春日飛來

秋日飛去

繁与简

築（筑）

飛（飞）

來（来）

第十三課

燕已去
雁南來
高飛成行
形如一字

第十四課

外為堂
內為室
可蔽風雨
可禦寒暑

繁与简
爲（为）
風（风）
禦（御）

第十四課

陸乘車

水乘船

車下有輪　船後有舵

繁与简

陸（陆）
車（车）
輪（轮）
後（后）

第十六課

田工畢
村人回
農夫荷鋤
童子牽牛

繁与简
畢（毕）
農（农）
鋤（锄）
牽（牵）

第十六課

日西落
天將晚
飛鳥入林
炊烟四起

繁与简
將（将）
飛（飞）
鳥（鸟）

第十七課

木盆圓
竹竿長
洗衣用盆
晾衣用竿

繁与简
圓（圆）
長（长）

第二十一課

一女子
持竿釣魚
水中魚
釣絲微動

立池畔
竿頭垂餌
來吞餌
舉竿得魚

繁与简

釣（钓）
魚（鱼）
頭（头）
餌（饵）
來（来）
絲（丝）
動（动）
舉（举）

第二十二課

籬間菊

花盛開

或黃或白

或紅或紫

繁与简

籬（篱）

間（间）

開（开）

紅（红）

第二十課

母攜兒
來看花
兒將採花
母急搖手

繁与简

攜（携）
兒（儿）
來（来）
將（将）
採（采）

第二十三課

盤中菜

盌中湯

食菜用箸

飲湯用匙

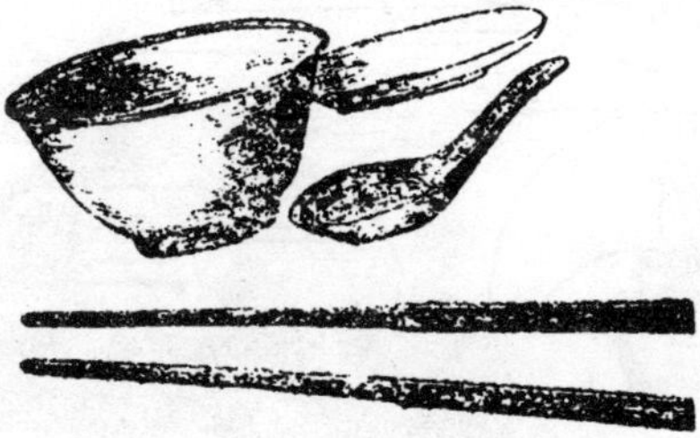

繁与简

盤（盘）
盌（碗）
湯（汤）
飲（饮）

第二十四課

蝦形長
身有節
入水能游
出水能跳

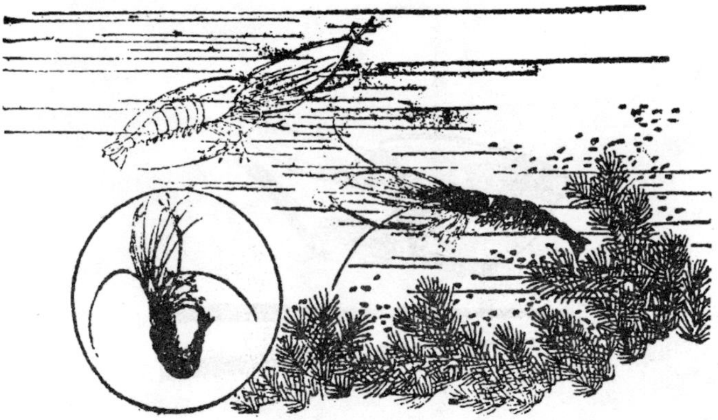

繁与简
蝦（虾）
長（长）
節（节）

第二十四課

蟹形圓
外有殼
八足二螯
橫行沙上

繁与简
圓（圆）
殼（壳）

第二十五課

母教女
作手工
剪絨為花
編線為袋

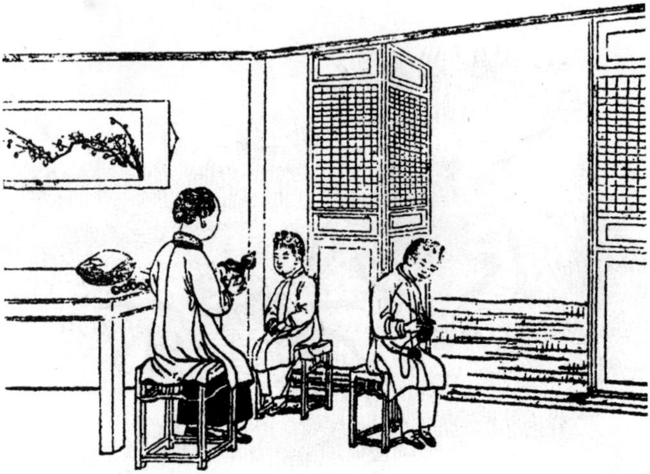

繁与简

絨（绒）爲（为）編（编）線（线）

第二十五課

手工完　來習畫

白紙一張

畫花數朶

繁与简

來（来）習（习）畫（画）紙（纸）張（张）數（数）

第二十六課

犬逐貓
貓登屋
犬不能上
向貓狂吠

繁与简
貓（猫）

第二十六課

貓逐鼠
鼠入穴
貓伺几下
鼠伏不出

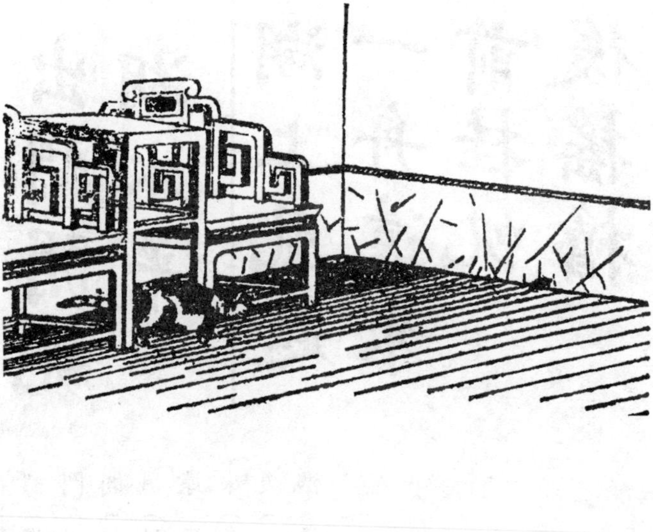

第二十七課

姊妹攜手
出門閒眺
青山高
湖水平

湖上風起
一舟遠來
前挂帆
後搖櫓

繁与简

攜（携）
門（门）
閒（闲）
風（风）
遠（远）
來（来）
後（后）
櫓（橹）

第二十八課

面上有目
目能見
兩手兩足
手指長

面旁有耳
耳能聞
是為四肢
足趾短

繁与简
見（见）
聞（闻）
兩（两）
爲（为）
長（长）

第二十九課

散學歸
晚膳畢
姊讀書
妹寫字

場中遊戲
燈前温課
字句分明
筆畫端正

繁与简

學（学） 歸（归） 場（场） 遊（游） 戲（戏） 畢（毕） 燈（灯） 課（课） 讀（读） 書（书） 寫（写） 筆（笔） 畫（画）

第三十課

雨將至

雨已晴

月東上

風南來

浮雲漸合

夕陽復明

花影在西

樹梢向北

繁与简

將（将） 雲（云） 漸（渐） 陽（阳） 復（复） 東（东） 風（风） 來（来） 樹（树）

第三十二課

鳥有二翼
故能飛
獸有四足
故善走

繁与简

鳥（鸟）
飛（飞）
獸（兽）

第三十二課

蝦蟆居陸
又居水
鸚鵡能鳴
又能言

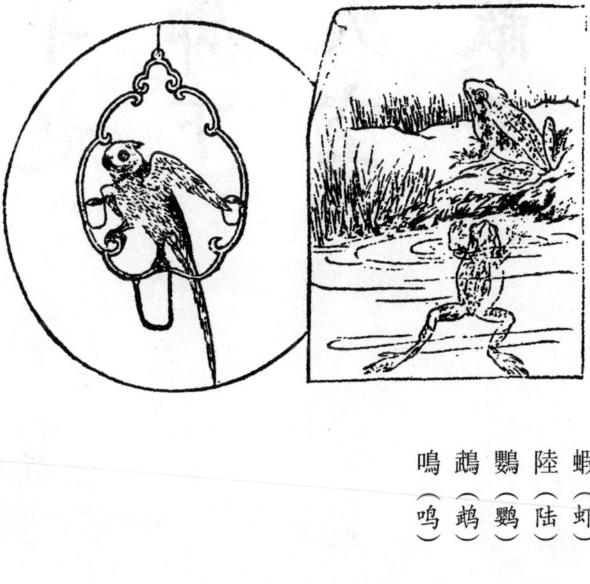

繁与简
蝦（虾） 陸（陆） 鸚（鹦） 鵡（鹉） 鳴（鸣）

第三十四課

有人早起

獨立廊下

仰望天空

浮雲蔽日

繁与简

獨（独）

雲（云）

第三十四課

風吹梧桐
落葉滿地
手持竹帚
階前掃葉

繁与简

風（风）葉（叶）滿（满）階（阶）掃（扫）

第三十五課

田家畜牛
既能耕田
牛肉可食
其角與皮

牛力甚大
又能挽車
牛乳可飲
可以為器

繁与简
車（车） 飲（饮） 與（与） 爲（为）

第三十六課

鈴聲一鳴　同入講堂
先生上立　學生下坐
鄰家有女　與我同學
朝則偕出　暮則偕歸

繁与简

鈴（铃）　聲（声）　鳴（鸣）　講（讲）　學（学）　鄰（邻）　與（与）　則（则）　歸（归）

第三十七課

彈棉為絮
紡絮為紗
織紗為布
裁布為衣

繁与简

彈（弹）
爲（为）
紡（纺）
紗（纱）
織（织）

第三十七課

秧長成稻
稻熟成穀
礱穀成米
炊米成飯

繁与简
長（长）
穀（谷）
礱（砻）
飯（饭）

第三十八課

河畔有鴨

數十成羣

或游水中

或行岸上

繁与简

鴨（鸭）

數（数）

羣（群）

第三十八課

籠中畜雞
有雄有雌
雄雞善鳴
雌雞生卵

繁与简
籠（笼）
雞（鸡）
鳴（鸣）

第三十九課

木生山中

千百成林

大木造屋

小木造器

第三十九課

筍老成竹

削竹為篾

編篾為籃

有方有圓

繁与简

筍（笋）
爲（为）
編（编）
籃（篮）
圓（圆）

第四十課

今夜天寒
濃霜滿瓦
母縫寒衣
夜半未眠

繁与简
濃（浓）
滿（满）
縫（缝）

第四十課

案旁有爐
爐中燒炭
炭火漸紅
一室溫煖

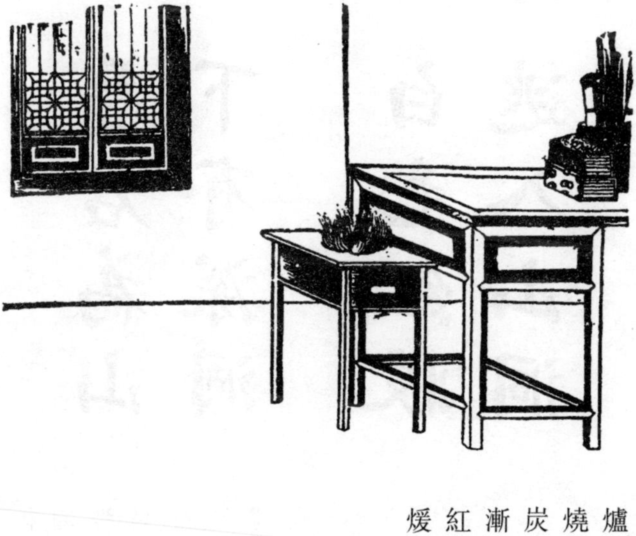

繁与简
爐（炉）燒（烧）炭（炭）漸（渐）紅（红）煖（暖）

第四十一課

宅後花園
疊石為山
上有小亭
下有深洞
洞口二兔
白毛紅眼
見人遠來
逃入山洞

繁与简

後（后）
園（园）
疊（叠）
爲（为）
紅（红）
見（见）
遠（远）
來（来）

第四十一課

第四十二課

路旁小池　中有清泉
春時水深　冬時水淺
鄉間二女　同來池畔
水中淘米　石上擣衣

繁与简

時（时）
淺（浅）
鄉（乡）
間（间）
來（来）
擣（捣）

第四十三課

寒霜既下
樹葉盡黃
松柏耐寒
四時常綠

樵夫攜斧
入山採柴
夕陽既下
擔柴回家

繁与简

樹（树） 葉（叶） 盡（尽） 時（时） 綠（绿） 攜（携） 採（采） 陽（阳） 擔（担）

第四十四課

飢則思食
食飯止飢
鋪棉作衣
衣穿身上

渴則思飲
飲茶解渴
裁布作裙
裙束腰間

繁与简

飢（饥）
則（则）
飲（饮）
飯（饭）
鋪（铺）
間（间）

第四十五課

長兄遠行
妹居家中
一年將盡
妹寫家書

久在他鄉
思兄無已
兄未歸家
問兄安否

繁与简

長（长） 遠（远） 鄉（乡） 無（无） 將（将） 盡（尽） 歸（归） 寫（写） 書（书） 問（问）

第四十六課

蠟梅一株
高與檐齊
冬日開花
清香撲鼻

繁与简

蠟（蜡）
與（与）
齊（齐）
開（开）
撲（扑）

第四十六課

黄昏月出
花前散步
人影在地
花影在牆

繁与简
牆（墙）

第四十七課

瓦屋數間
前為客堂
牆外狗吠
我父下階

四面短牆
後為卧室
客來敲門
開門迎客

繁与简

數（数）間（间）牆（墙）爲（为）後（后）來（来）門（门）階（阶）開（开）

第四十八課

日出天明
作事有時
水冷結冰
冬日有冰

日沒天暗
事畢遊息
冰熱化水
夏日無冰

繁与简
時（时） 畢（毕） 遊（游） 結（结） 熱（热） 無（无）

第四十九課

北風大起
雪花亂飛
登樓遠望
一片白色

繁与简

風（风） 亂（乱） 飛（飞） 樓（楼） 遠（远）

第四十九課

大雪初霽
朝日微紅
檐前冰箸
墮地有聲

繁与简
霽（霁）紅（红）墮（堕）聲（声）

第五十課

一年之中　分爲四季

曰春曰夏　曰秋曰冬

每季之中　各有三月

春暖夏熱　秋涼冬冷

繁与简

爲（为）　熱（热）　涼（凉）

第三册

第三課　姊弟

姊從學校歸　進見父母　其幼弟在母懷中　見姊而笑　張兩手　呷啞欲語　姊乃抱之　戲於窗前

繁与简

從（从）學（学）歸（归）進（进）見（见）懷（怀）張（张）兩（两）啞（哑）語（语）戲（戏）於（于）

第四課　布

以棉織布　為棉布
以麻織布　為麻布
二者皆可製衣
天氣熱　宜用麻布
天氣寒　宜用棉布

繁与简
織（织）
爲（为）
製（制）
氣（气）
熱（热）

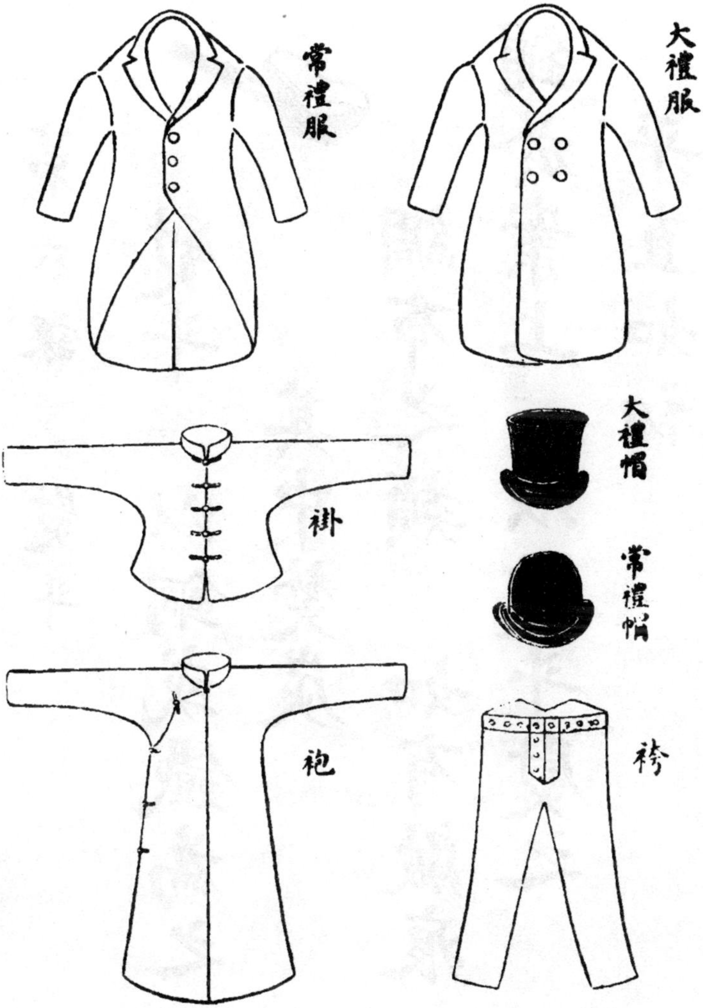

繁与简

禮（礼）

第六課　熨斗

熨斗以銅或鐵爲之　其中焚炭　綢布之類　如有皺痕　鋪於案上　以熨斗熨之　平直如初

繁与简

銅（铜）　鐵（铁）　爲（为）　炭（炭）　綢（绸）　類（类）　皺（皱）　鋪（铺）　於（于）

第八課　舟行

河上二舟　一去一來

去舟風順

桅上張帆　其行速

來舟風逆

以槳撥水　其行緩

繁与简

來（来）風（风）順（顺）張（张）槳（桨）撥（拨）緩（缓）

第九課　漁翁

久雨不止　河中水滿

游魚往來

一漁翁　鬚眉皆白

披簑衣　戴箬帽

獨坐河畔　張網捕魚

繁与简

漁（渔）　滿（满）　魚（鱼）　來（来）　鬚（须）　獨（独）　張（张）　網（网）

第十課 金魚

有玻璨缸　中畜金魚
上浮水草　一小兒
立缸畔　見金魚掉尾而游
時上時下

繁与简
魚（鱼）
璨（璃）
兒（儿）
見（见）
時（时）

第十一課　筍

近村有竹林

每至春時

林中生筍

初出土

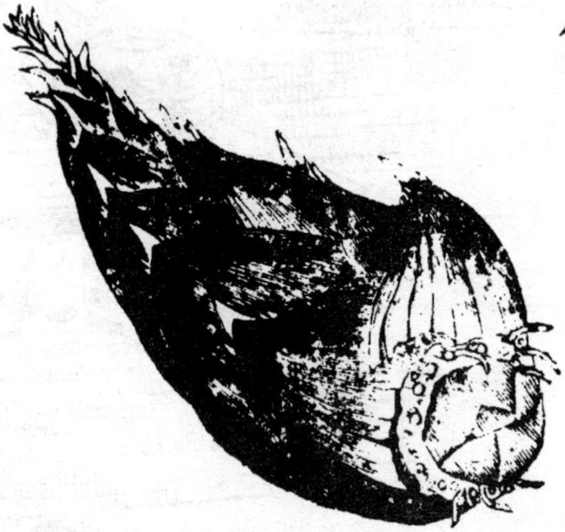

其端甚銳

繁与简

筍（笋）

時（时）

銳（锐）

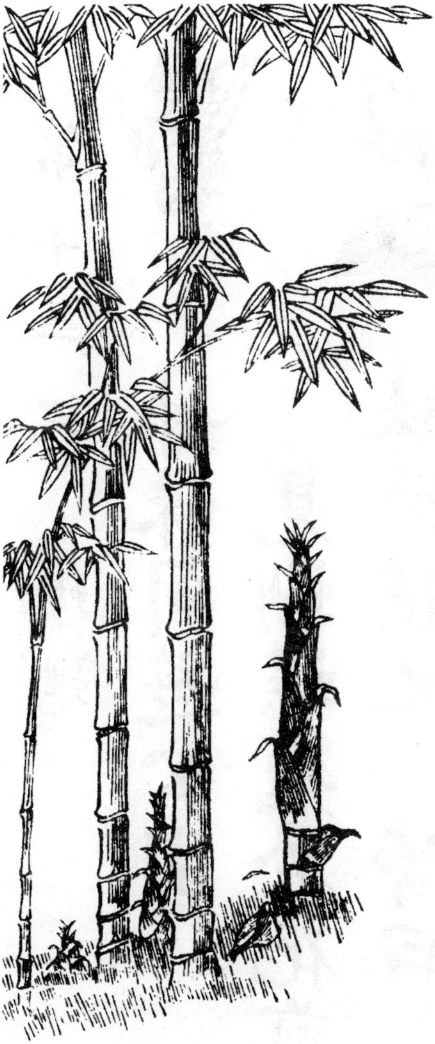

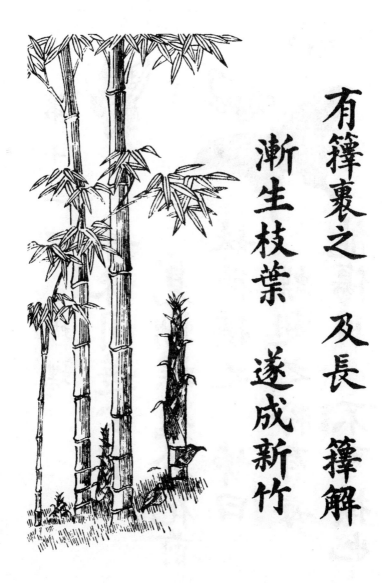

有籜裹之　及長　籜解　漸生枝葉　遂成新竹

繁与简

籜（箨）　長（长）　漸（渐）　葉（叶）

第十二課　蝴蝶

姊妹同遊公園　見蝴蝶飛於花前　妹欲撲之　姊曰　蝶翅之粉有毒　能傷目　不可撲也

繁与简

遊（游）園（园）見（见）飛（飞）於（于）撲（扑）傷（伤）

第十三課　茶

村旁小山
徧栽茶樹
高下成行
清明前後
茶樹發芽
村中女
攜小筐
約鄰家姊妹
上山採茶

繁与简
徧（遍）
樹（树）
後（后）
發（发）
攜（携）
約（约）
鄰（邻）
採（采）

第十五課　獸

走獸之屬　皆有四足　其居山野之間者　謂之野獸　其馴者　爲人所飼　則謂之家畜

繁与简

獸（兽）屬（属）間（间）謂（谓）馴（驯）飼（饲）則（则）

繁与简

獅（狮）
驢（驴）
緜（绵）
駱（骆）
駝（驼）
貓（猫）
豬（猪）
馬（马）

第十六課 指甲

手有五指　指端有甲　所以護指也　甲過長　則作事不便　其中又易藏垢　故宜常剪之

繁与简

護（护）過（过）長（长）則（则）

第十七課　風車

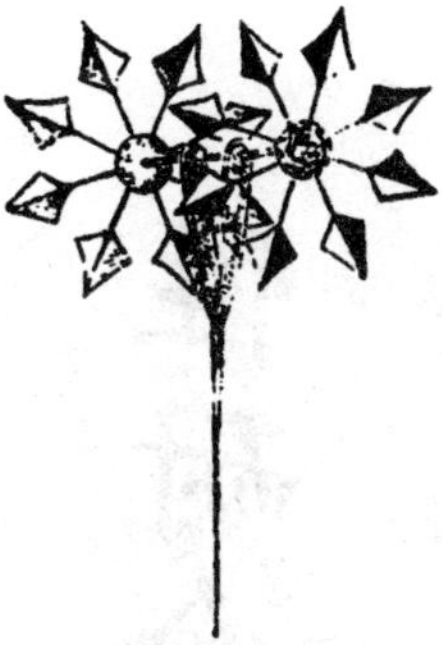

汪女幼而慧　好學手工　一日　剪彩紙　削竹籤　製風車一　插於窗前　風吹車動　旋轉不已

繁与简

風（风）車（车）學（学）紙（纸）籤（签）製（制）於（于）動（动）轉（转）

第十九課　松

松　大樹也　多生山中　葉狀似針　性耐冷　雖至冬日　其色常青　幹長而巨

繁与简

樹（树）　葉（叶）　狀（状）　針（针）　雖（虽）　幹（干）

可以造橋
亦可以造屋

繁与简
橋（桥）

第二十六課 玫瑰

吳女早起
門初闢
聞花香甚濃
知院中玫瑰已開

繁与简
吳（吴）門（门）闢（辟）聞（闻）濃（浓）開（开）

乃至花前
採花數朶
置小筐中
攜贈鄰女
鄰女受而謝之

繁与简

採（采）數（数）攜（携）贈（赠）鄰（邻）謝（谢）

第二十七課 教弟

王女有弟，尚未入學。晚餐後，立案旁，觀姊溫書，見書中有畫，指以問姊。姊為之詳解，弟乃大喜。

繁与简

學（学）後（后）觀（观）書（书）見（见）畫（画）問（问）爲（为）詳（详）

第二十八課　櫻桃

園中櫻桃　四月始熟　女入園中　採櫻桃數枚　與弟妹分食之　其色鮮紅　其味極甘　核小漿多

繁与简
櫻（樱）　園（园）　鮮（鲜）　紅（红）　採（采）　數（数）　與（与）　漿（浆）　極（极）

第二十九課 麥

四五月之間

大麥先熟

小麥後熟

熟時

農夫持鐮刀

繁与简

麥（麦）

間（间）

後（后）

時（时）

農（农）

鐮（镰）

入田刈之
打於場中
既畢
磨之成粉
可以製麪
又可製糕餅之屬

繁与简

於（于）
場（场）
畢（毕）
製（制）
麪（面）
餅（饼）
屬（属）

第三十課 羣雀

斜陽將下　農夫還家
小雀一羣　紛集場上
覓食餘粒　數童子立門前
拍手譟逐之　雀聞人聲
散入林中

繁与简

羣（群）陽（阳）將（将）農（农）還（还）紛（纷）場（场）覓（觅）餘（余）數（数）門（门）聞（闻）聲（声）

第三十一課　馴犬

彭君有犬　甚馴

每出　犬必隨行

每食　犬常依其旁

一日方食　彭君以箸夾骨

繁与简

馴（驯）　隨（随）　夾（夹）

呼曰立犬起立如人骨落犬張口受之

繁与简
張（张）

第三十四課　鞦韆

鞦韆架　豎二木為柱　高丈餘　上架橫梁　梁下垂二繩　繩端繫小板　人立板上　兩手握繩而盪之　漸盪漸高　往還不已

繁与简

鞦（秋）韆（千）豎（竖）爲（为）餘（余）繩（绳）繫（系）兩（两）盪（荡）漸（渐）還（还）

第三十五課 螢

螢飛蟲也　生於卑溼之地

腹後有光　天既晚

每見水邊草上　有微光閃爍

去來無定　即螢光也

繁与简

螢（萤）飛（飞）蟲（虫）於（于）溼（湿）後（后）見（见）邊（边）閃（闪）爍（烁）來（来）無（无）

第三十六課　蠅食蜜

案上有瓷瓶，貯蜜其中。羣蠅爭來食蜜。一蠅貪食不已，足為蜜膠，不能脫。羣蠅見之，皆飛去。貪食之蠅，遂死蜜中。

繁与简

蠅（蝇）貯（贮）羣（群）來（来）貪（贪）爲（为）膠（胶）見（见）飛（飞）

第三十七課 清潔

賈女蓬首垢面　衣服汙穢
居室之中　亦甚不潔
其同學謂之曰　養生之道
清潔爲要　汙穢不去
則易致疾也

繁与简

潔（洁）賈（贾）汙（污）穢（秽）學（学）謂（谓）養（养）爲（为）則（则）

肥皂 皂莢

篦 梳

牙刷 牙粉

鹼

漱口盂

臉盆

繁与简

莢（荚） 鹼（硷） 臉（脸）

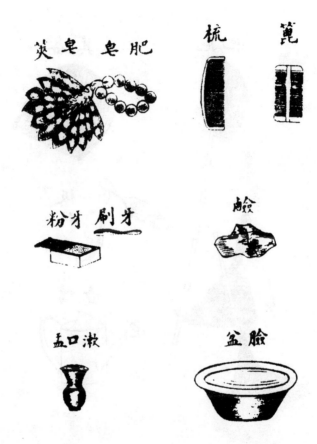

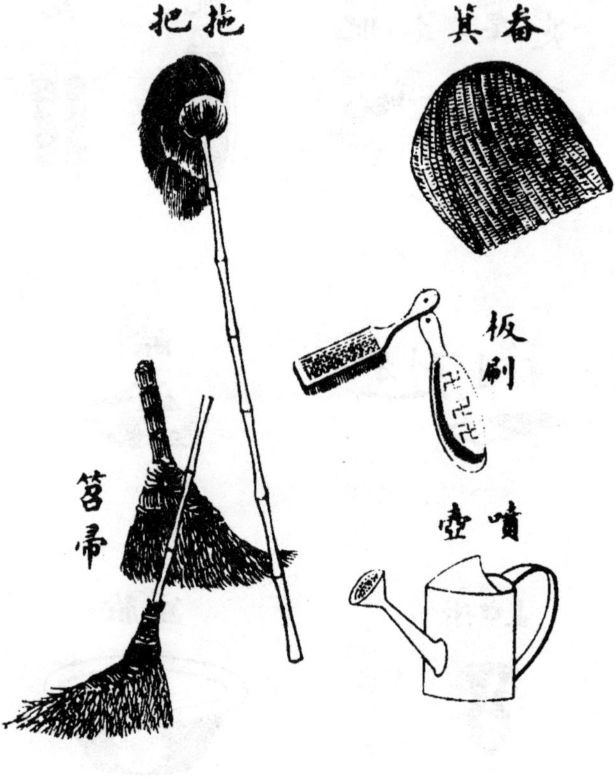

繁与简

噴（喷）

壺（壶）

第三十八課　洗衣

嫂洗衣　小姑詢其故

嫂曰　人之衣服

易積垢穢　故宜常洗

小姑聞言　乃取所攜手巾

就盆中洗之

繁与简

詢（询）
積（积）
穢（秽）
聞（闻）
攜（携）

第三十九課

鸚鵡

家中畜鸚鵡

白毛紅嘴

能學人言

繁与简

鸚（鹦）

鵡（鹉）

紅（红）

學（学）

一日　有貓緣柱而上　舉爪將攫之　鸚鵡驚呼曰　貓來貓來　家人聞聲趨至　貓見人　乃急遁去

繁与简
貓（猫）緣（缘）舉（举）將（将）驚（惊）來（来）聞（闻）聲（声）趨（趋）見（见）

第四十課　荷花

池中種荷　夏日開花

或紅或白　沈女晨起

母命往池畔

採花入室　插瓷瓶中

繁与简

種（种）

開（开）

紅（红）

採（采）

注水養之　供於几上
時聞清香

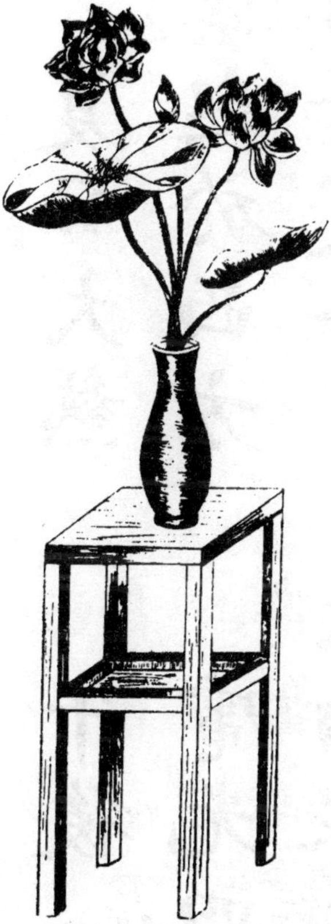

繁与简
養（养）
於（于）
時（时）
聞（闻）

第四十二課　夏雨

夏日大熱　午後
黑雲起於西方　電光四射
雷聲震耳　大雨驟至
傍晚　雨止雲散
涼風吹來　暑氣漸減

繁与简

熱（热）後（后）雲（云）於（于）電（电）聲（声）驟（骤）涼（凉）風（风）來（来）氣（气）漸（渐）減（减）

第四十三課　蜻蜓

雷雨之前　有蜻蜓成羣　飛於空際　倏往倏來　覓小蟲食之　童子捕其一　視之　六足四翅　身有節　能屈曲

繁与简

羣（群）　飛（飞）　於（于）　際（际）　來（来）　覓（觅）　蟲（虫）　視（视）　節（节）

第四十四課　蜘蛛

蜘蛛在檐下結網　網既成
一蜻蜓飛過　誤觸網中
有小兒見之
持長竿挑網　網破
蜻蜓乃得飛去

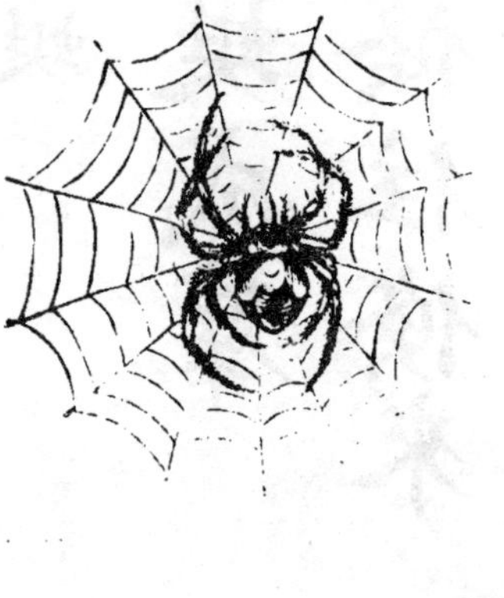

繁与简
結（结）網（网）飛（飞）過（过）誤（误）觸（触）兒（儿）見（见）長（长）

第四十五課　李母

李二曲家貧。無力從師。其母自教之。母子相依。或一日不再食。或連日不舉火。母教子不倦。二曲卒成名儒。

繁与简

貧（贫）無（无）從（从）師（师）連（连）舉（举）

第四十六課

納涼

晚餐之後
明月將出
涼風入戶

繁与简

納（纳）涼（凉）後（后）將（将）風（风）

母攜女　來院中
同坐納涼　母講故事
女在旁聽之
手中揮扇　爲母驅蚊
樂而忘倦

繁与简
攜（携）
來（来）
講（讲）
聽（听）
揮（挥）
爲（为）
驅（驱）
樂（乐）

第四十七課　蛙

蛙初生時　名曰蝌蚪　頭圓尾長　恆居水中　及長　則尾脫足生　始成蛙　能跳能游　又善鳴　其聲閣閣　晝夜不絕

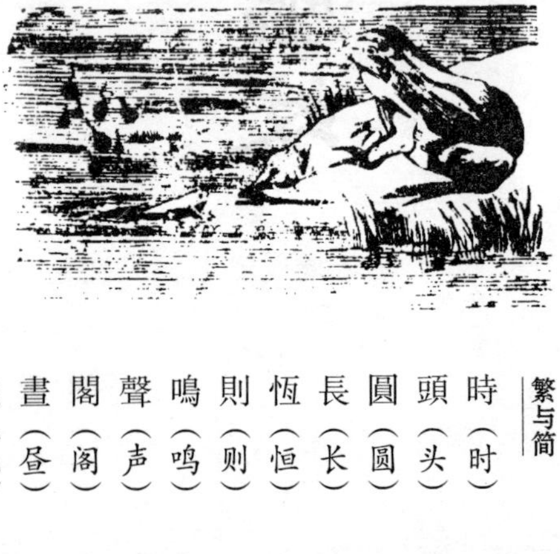

繁与简

時（时）頭（头）圓（圆）長（长）恆（恒）則（则）鳴（鸣）聲（声）閣（阁）晝（昼）絕（绝）

第四册

第四課　小井

小井無欄　姊攜桶來汲水　弟行近井旁　欲俯觀之　姊揮手令去　曰　井水深　苟溺其中　將不能出　汝年幼　恐失足也

繁与简

無（无）　欄（栏）　攜（携）　觀（观）　揮（挥）　將（将）

第六課　採菱

小村之旁　有菱塘
廣約半畝　塘水澄清
夏秋之間　菱初熟
浮於水上　或青或紅
村中女子　邀鄰伴
划小舟　同去採菱

繁与简

採（采）
廣（广）
約（约）
畝（亩）
間（间）
於（于）
紅（红）
鄰（邻）

第七課　早起

章女貪眠　晨起常遲　師曰　人能早起　則精神自健　作事不倦　汝今晏起　廢時失學　不可不戒也

繁与简

貪（贪）
遲（迟）
時（时）
學（学）
師（师）
則（则）
廢（废）

第八课　讀書

飛禽走獸。飢知食。渴知飲。又知營巢穴。以避風雨。其奇者。能效人言。惟不知書。故不如人。人不讀書。則與禽獸何異。

繁与简

讀（读）書（书）飛（飞）獸（兽）飢（饥）飲（饮）營（营）風（风）則（则）與（与）異（异）

第九課 蟋蟀

蟋蟀 一名促織 至秋則鳴 鄉間農婦 每聞其聲 則知氣候將寒 各勤紡織 以備寒衣 故諺曰 促織鳴 懶婦驚

繁与简

織（织） 則（则） 鳴（鸣） 鄉（乡） 間（间） 農（农） 婦（妇） 聞（闻） 聲（声） 氣（气） 將（将） 紡（纺） 備（备） 諺（谚） 懶（懒） 驚（惊）

第十課　衣服

袁女入學　徧體綢衣　然襟前袖底　汙痕甚多　師戒之曰　人之衣服　當求清潔　不必華美　若綢衣而汙　不如布衣而潔也

繁与简

學（学）徧（遍）體（体）綢（绸）汙（污）師（师）當（当）潔（洁）華（华）

第十一課 借物

俞母為女裁衣，向鄰家借尺用。畢，命女往還之。女方嬉戲，不願行。母催之速往，曰：他人常用之物，不宜久借。故用後宜亟還之。

繁与简

爲（为） 鄰（邻） 畢（毕） 還（还） 戲（戏） 願（愿） 後（后）

第十二課　器具

人居室中　飲食坐卧　皆需器具　惟匠人之造器　勞心力　費時日　其成不易　用器之人　應知愛惜　不可任意毀傷也

繁与简

飲（饮）勞（劳）費（费）時（时）應（应）愛（爱）傷（伤）

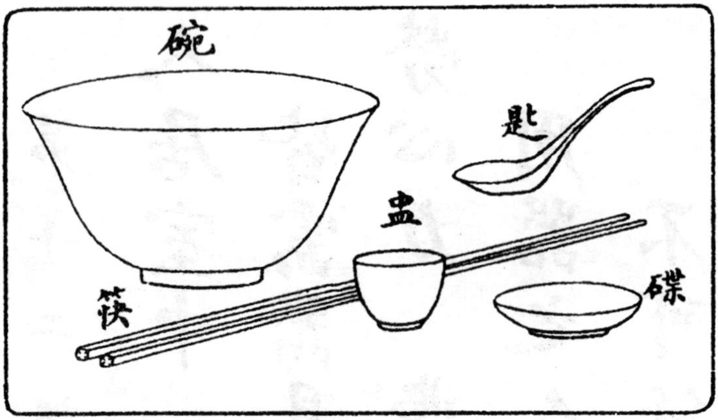

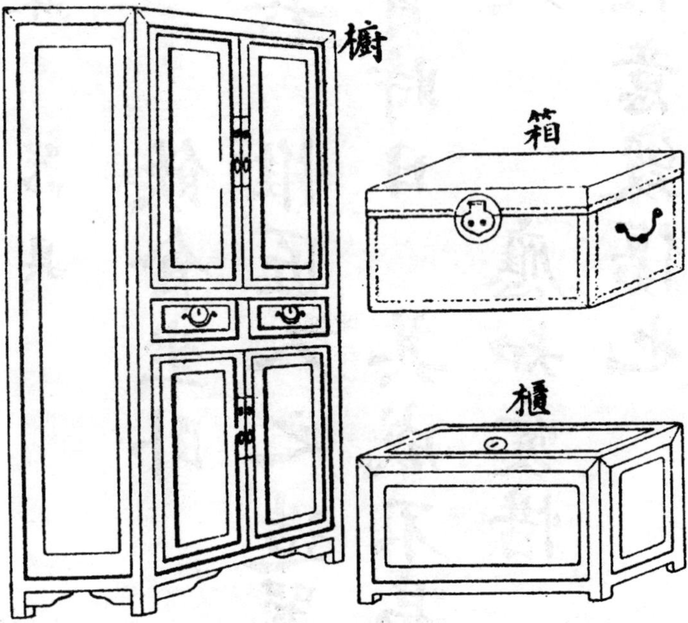

繁与简

櫥（橱）

櫃（柜）

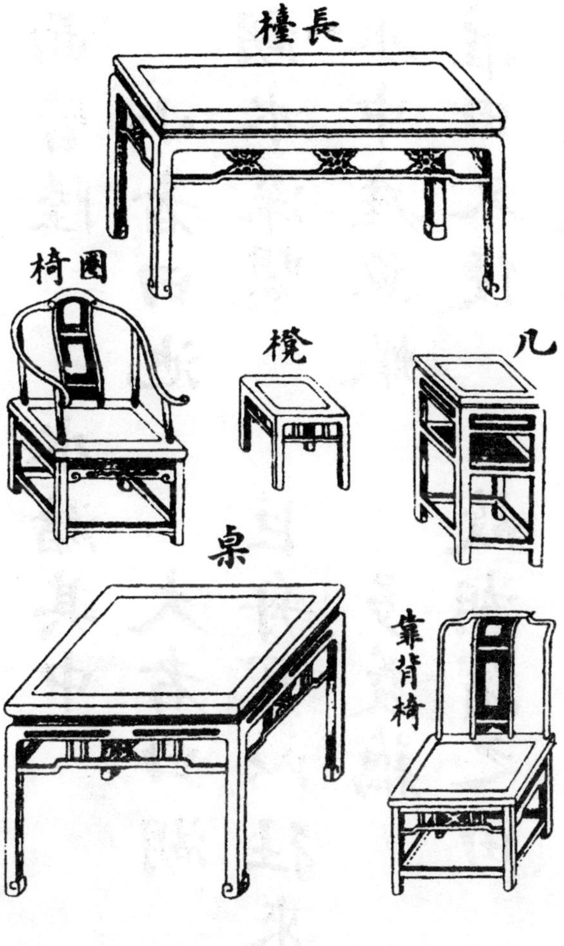

繁与简

檯（台）

櫈（凳）

第十三課　湖

四面皆陸　水瀦其中　小者曰池　大者曰湖　湖水深闊　巨舟可以往來　水中產魚蝦　多菱藕　而灌田又便　故湖濱之田　收穫恆豐

繁与简

陸（陆）瀦（潴）闊（阔）來（来）產（产）魚（鱼）蝦（虾）濱（滨）穫（获）恆（恒）豐（丰）

第十五課　桂花糖

中秋前後　庭桂盛開　家中婦女　採其花　漬以糖　封於瓶中　不令透氣　雖經久而香甚烈　以和食物　洵佳品也

繁与简

後（后）開（开）婦（妇）採（采）漬（渍）於（于）氣（气）雖（虽）經（经）

第十七課

米

農夫種稻
手足勤勞
歷春夏秋三時
始得粟

繁与简

農（农）
種（种）
勞（劳）
歷（历）
時（时）

又用礱去殼
用臼去糠
始成白米
然後炊之釜中
或為飯　或為粥
食者當念其不易也

繁与简
礱（砻）
殼（壳）
後（后）
爲（为）
飯（饭）
當（当）

第十八課　果園

吾家有園　徧種果樹　培壅甚勤　春夏間　先後開花　花落結果　纍纍滿樹　及秋果熟　摘而食之　較買諸市中者　味尤甘美

繁与简

園（园）　徧（遍）　種（种）　樹（树）　間（间）　後（后）　開（开）　結（结）　纍（累）　滿（满）　較（较）　買（买）　諸（诸）

第十九課　畫竹

窗外修竹幾竿　紅日初上　竹影滿窗　一女坐窗前　取素紙　鋪案上　濡毫和墨　畫竹一枝　既成　黏於壁上　其狀如生

繁与简

畫（画）　幾（几）　紅（红）　滿（满）　紙（纸）　鋪（铺）　於（于）　狀（状）

第二十二課　車

陸行用車
車有輪
其形圓
軸貫其中
故能旋轉

繁与简

車（车）
陸（陆）
輪（轮）
圓（圆）
軸（轴）
貫（贯）
轉（转）

大車之制
用轅駕騾馬
御者坐車前
執鞭驅之
小車則用人力
或推之　或輓之

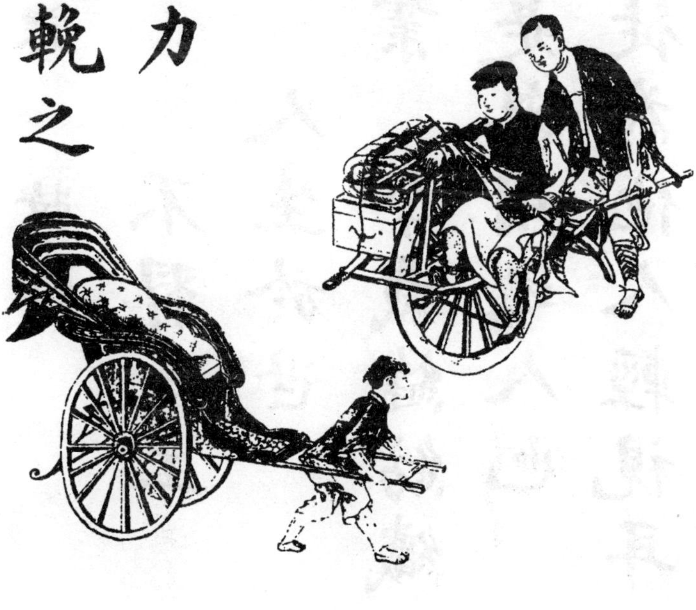

繁与简
轅（辕）
駕（驾）
騾（骡）
馬（马）
執（执）
驅（驱）
則（则）
輓（挽）

第二十三課 妝飾

周女好妝飾，不習女工。母謂女曰：人生於世，當有職業，今裁縫紡織，汝皆不能，是無用之人也。妝飾雖美，徒為他人輕視耳。

繁与简

妝（妆） 飾（饰） 習（习） 謂（谓） 於（于） 當（当） 職（职） 業（业） 縫（缝） 紡（纺） 織（织） 無（无） 雖（虽） 爲（为） 輕（轻） 視（视）

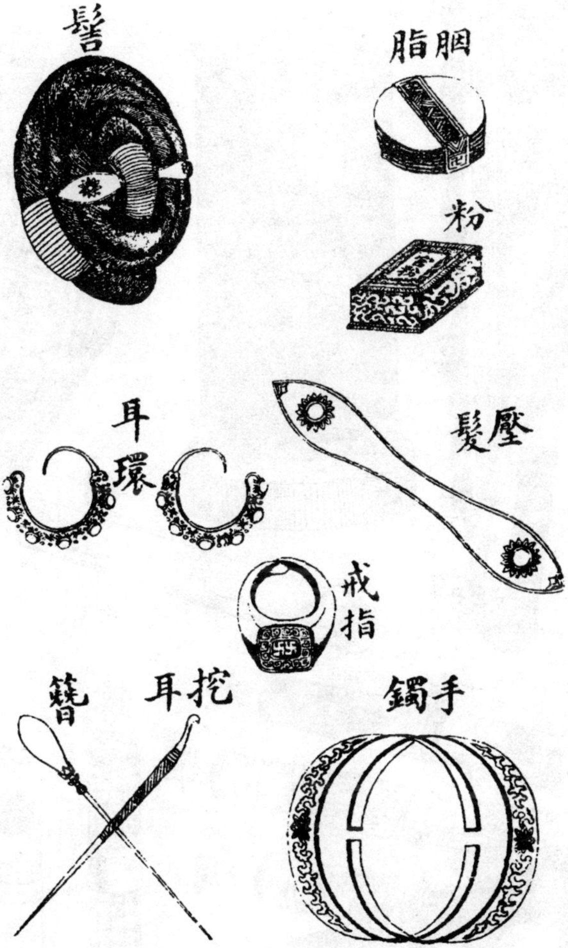

繁与简

壓（压）
髮（发）
環（环）
鐲（镯）

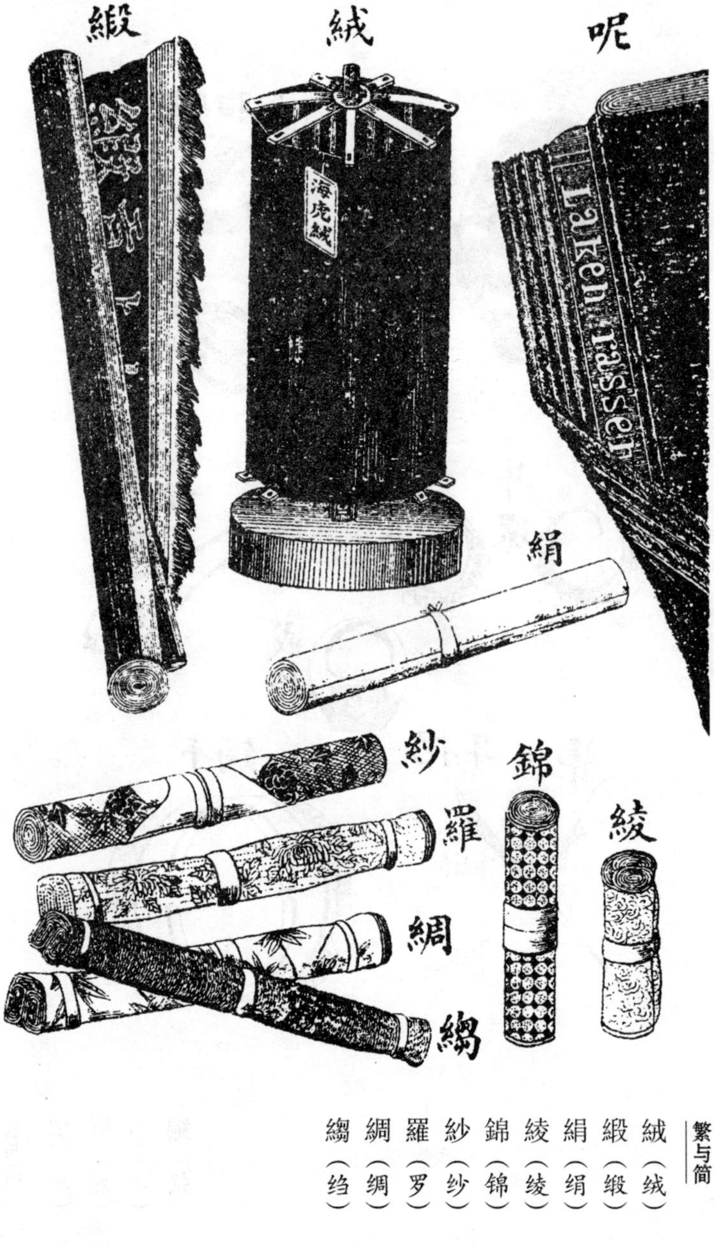

繁与简

絨（绒） 緞（缎） 絹（绢） 綾（绫） 錦（锦） 紗（纱） 羅（罗） 綢（绸） 縐（绉）

第二十四課　父母之恩

人初生時　飢不能自食　寒不能自衣　父母乳哺之　懷抱之　有疾　則爲延醫診治　及年稍長　又使入學　其勞苦如此　爲子女者　豈可忘其恩乎

繁与简
時（时）飢（饥）懷（怀）則（则）爲（为）醫（医）診（诊）長（长）學（学）勞（劳）豈（岂）

第二十五課

鴉

鴉渴甚
見有水瓶
在庭中
欲飲之

繁与简
鴉（鸦）
見（见）
飲（饮）

瓶深水淺
鴉竭力伸喙
卒不得飲
仰首若有所思
遽飛去
銜小石至
擲瓶中
往返十餘次
石積水升
鴉遂得飲

繁与简

淺（浅）
飛（飞）
銜（衔）
擲（掷）
餘（馀）
積（积）

第二十六課　吉凶

鴉鳴樹上　兒叱之　父曰　是何害　兒曰　嘗聞人言　鵲鳴吉　鴉鳴凶　今鳴者鴉也　故叱之　父曰　鳥之智識

繁与简

鴉（鸦）
鳴（鸣）
樹（树）
兒（儿）
嘗（尝）
聞（闻）
鵲（鹊）
鳥（鸟）
識（识）

遠不如人　吉凶之事

人尚不能預知

況鳥乎

繁与简

遠（远）

預（预）

第二十七課　小鳥

鷹撲小鳥。傷其翼。墜於庭前。女見之。捕置籠中。以米粒飼之。以清水飲之。

繁与简

鳥（鸟）　鷹（鹰）　撲（扑）　傷（伤）　墜（坠）　於（于）　見（见）　籠（笼）　飼（饲）　飲（饮）

數日傷愈
女攜籠
立階上
啟其門
縱鳥出籠
小鳥乃振翼飛去

繁与简

數（数）攜（携）階（阶）啟（启）門（门）縱（纵）飛（飞）

第二十八課　愛姊

姊妹相愛　食必同案
遊必偕行　一日
姊病熱　畏風　臥帳中
妹憂之　忽憶姊甚愛花
庭中芙蓉初開

繁与简

愛（爱）
遊（游）
熱（热）
風（风）
帳（帐）
憂（忧）
憶（忆）
開（开）

遂請於母折一枝插瓶中捧之入室姊見花愛玩不已

繁与简

請（请）於（于）見（见）

第二十九课　圍巾

天氣漸寒　陳女啟箱　揀絨繩　織圍巾兩條　既成　以其一與妹　謂之曰　此巾爲絨繩所製　嚴寒之時　圍於頸上　足以禦寒

繁与简

圍（围）　氣（气）　漸（渐）　陳（陈）　啟（启）　揀（拣）　絨（绒）　繩（绳）　織（织）　兩（两）　條（条）　與（与）　謂（谓）　爲（为）　製（制）　嚴（严）　時（时）　頸（颈）　禦（御）

第三十课 家信

母刺繡 女侍坐於旁 有送信來者 母拆封閱畢 謂女曰 此汝姊之信也 姊甚憶汝 汝試讀之 女取信 且閱且讀 有不知者 則以問母 遂解信中之意

繁与简

繡（绣） 於（于） 來（来） 閱（阅） 畢（毕） 謂（谓） 憶（忆） 試（试） 讀（读） 則（则） 問（问）

父母親大人膝前敬稟者初六日寄呈
一稟計邀
慈鑒日來家中想都安好二妹入學
已年餘功課當有進步女甚憶之
手工所用絨繩今已購就得便即
寄呈也餘言再稟敬請
福安
女佩萱謹稟十月十六日
二妹問好

繁与简

親（亲）計（计）鑒（鉴）學（学）餘（馀）當（当）進（进）絨（绒）繩（绳）購（购）請（请）謹（谨）

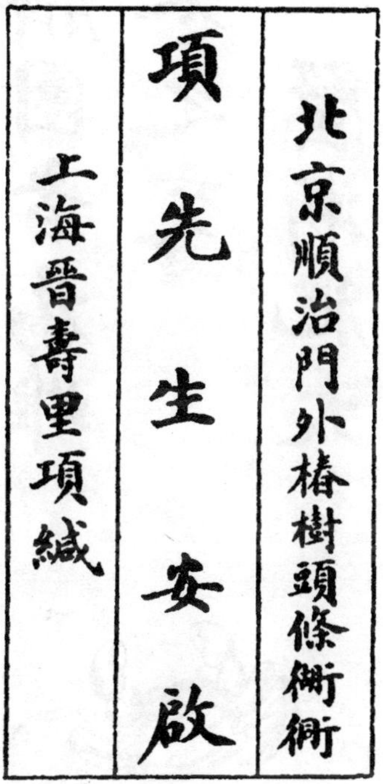

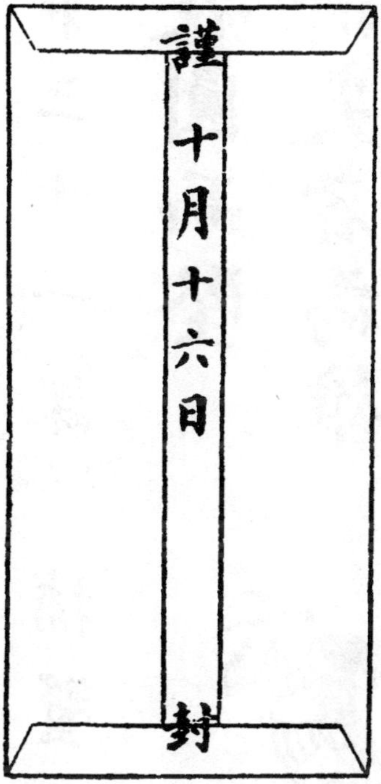

繁与简

順（顺）樹（树）頭（头）條（条）衚（胡）衕（同）項（项）啟（启）晉（晋）壽（寿）緘（缄）

第三十一課 捕蟹

蟹殼圓而堅
臍尖者為雄
臍團者為雌
秋冬之交
蟹漸肥大

繁与简

殼（壳）
圓（圆）
堅（坚）
臍（脐）
爲（为）
團（团）
漸（渐）

捕者編竹為簖
屈曲圍水中
夜間懸燈以誘之
蟹見燈光
則羣集於簖
乃就捕之

繁与简

編（编） 簖（簖） 圍（围） 間（间） 懸（悬） 燈（灯） 誘（诱） 見（见） 則（则） 羣（群） 於（于）

第三十四課　縫衣

蔡女獨坐縫衣　鄰女掀簾入　蔡大喜　曰　寒天將至　冬衣未全　姊來甚佳　如無事　乞助我　鄰女許諾　乃取線穿針　同坐縫之　及衣成　始辭去

繁与简

縫（缝）　獨（独）　鄰（邻）　簾（帘）　將（将）　來（来）　無（无）　許（许）　諾（诺）　線（线）　針（针）　辭（辞）

第三十五課　染布

母立廊下　染布一匹　女在其旁　見盆中白布　漸變青色　怪之　母曰　布本白色　可以他色染之　今水中有靛青　用之染布　故成青布也

繁与简
見（见）
漸（渐）
變（变）

第三十六課　醃菜

寒霜屢降　園菜漸肥　取而曝之　俟略乾　置缸中　醃以鹽　旬餘　便可取食　若藏之於甕　泥封其口　則留至明年春夏間　猶可食也

繁与简

醃（腌）屢（屡）園（园）漸（渐）乾（干）鹽（盐）餘（馀）甕（瓮）則（则）間（间）猶（犹）

第三十七課　賣菜

鄉人某　種菜爲業

每日晨起　擔菜兩筐　入市中

沿街喚賣　人因其索價不二

菜又肥美　故爭買之

鄉人得錢　易布與米

一家衣食　得以無缺

繁与简

賣（卖）鄉（乡）種（种）業（业）擔（担）兩（两）價（价）買（买）錢（钱）與（与）無（无）

第三十八課

黄豆

黄豆夏初下種

莖高數尺

及秋

開白花

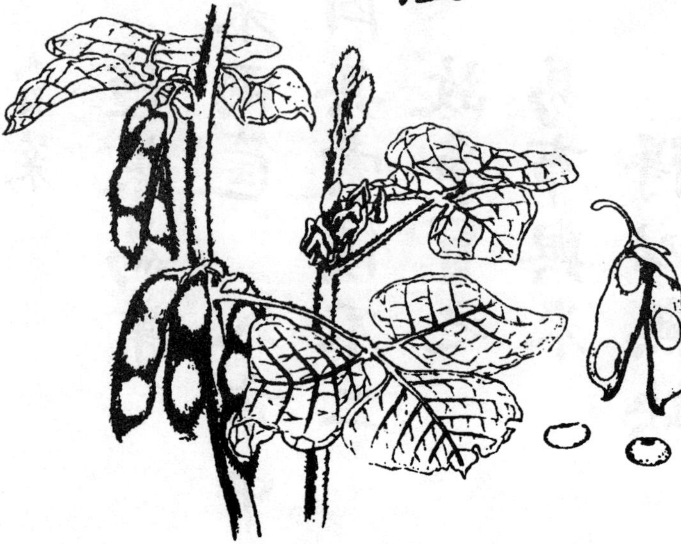

繁与简

種（种）

莖（茎）

數（数）

開（开）

莢長寸餘
含豆二三　其初色青
後漸黃　爲用最大
或榨油　或造醬
其所餘渣滓　既可飼畜
又可肥田

繁与简
莢（荚）
餘（馀）
後（后）
漸（渐）
爲（为）
醬（酱）
飼（饲）

第三十九课 鄉婦

鄉婦初入城。將赴戚家。不識途。彷徨道左。于女見之。詢知其故。曰。此吾鄰家也。乃導之行。及至。即辭去。鄰人留之坐。女曰。時已晚。家人盼我歸。不敢留也。

繁与简

鄉（乡） 婦（妇） 將（将） 識（识） 見（见） 詢（询） 鄰（邻） 導（导） 辭（辞） 歸（归）

第四十課 山

地面有山　或一峯獨立　聳入雲際　或羣峯相連　逾千里而不絕　山之大者　草木生之　禽獸居之　而金玉煤鐵之屬　又蘊於其中　誠無窮之利也

繁与简

峯（峰） 獨（独） 聳（耸） 雲（云） 際（际） 羣（群） 連（连） 絕（绝） 獸（兽） 鐵（铁） 屬（属） 蘊（蕴） 於（于） 誠（诚） 無（无） 窮（穷）

第四十一課 犬銜肉

一犬銜肉 過橋上

見水中有犬 口亦銜肉

思并得之 急置肉 躍入水中

幾淹斃 幸水淺得免 又登橋

其肉已失 回視水中之犬

亦不復銜肉

繁与简

銜（衔） 過（过） 橋（桥） 見（见） 躍（跃） 幾（几） 淺（浅） 視（视） 復（复）

第四十二課 貓

某宅畜一貓　捕鼠甚勤　主人愛之　飼以鮮魚　寢以新絮　貓飽食而眠　不復捕鼠　久之　主人遷居　未攜貓去　貓以不能捕鼠　竟餓死

繁与简

貓（猫）愛（爱）飼（饲）鮮（鲜）魚（鱼）寢（寝）飽（饱）復（复）遷（迁）攜（携）餓（饿）

第四十三課　姊妹同遊

杜女有妹　功課之暇　常與同遊　一日　母取算題　命姊妹同演之　姊算先成　母命往庭前遊戲　女遲遲未行　母問之　答曰　同遊樂　獨遊不樂　願待妹也

繁与简

遊（游）　與（与）　題（题）　戲（戏）　遲（迟）　問（问）　樂（乐）　獨（独）　願（愿）

第四十四課　同學相助

鄧女長於算術　而短於國文　余女反是　暇時互以所長相授　如是者數月　二女皆有進步　師乃勉諸生曰　同學以相助獲益　鄧余二生　可法也

繁与简

學（学）　鄧（邓）　長（长）　於（于）　術（术）　國（国）　時（时）　數（数）　進（进）　師（师）　諸（诸）　獲（获）

第四十五課　火

案上燃燭　兒以紙向火爲戲　父曰　火不可戲也　小則灼肌膚　大則焚廬舍　兒曰　今知火之爲害矣　父曰　燈非火不明　飯非火不熟　苟善用之　火固有益於人也

繁与简

燭（烛）兒（儿）紙（纸）爲（为）戲（戏）則（则）膚（肤）廬（庐）燈（灯）飯（饭）於（于）

第四十六課

雪

冬日嚴寒
北風忽起
白雲滿天
林間羣雀

繁与简

嚴（严）
風（风）
雲（云）
滿（满）
間（间）
羣（群）

啁啾不絕　入夜
風更大　寒更甚
夜半睡醒　見紙窗微明
疑是月色　及天曉出視
始知昨夜大雪
已積尺餘矣

繁与简

絕（绝）　見（见）　紙（纸）　曉（晓）　視（视）　積（积）　餘（馀）

第四十七課

戒謾語

司馬光幼時
與其姊
共弄胡桃
欲脫其皮

繁与简

謾（谩）
語（语）
馬（马）
時（时）
與（与）

不得　姊去　一婢以湯脫之
及姊復來　光告姊曰
吾能脫之矣
其父適見之　呵曰
小子何得謾語　光自是改過
終身無謾語

繁与简

湯（汤）　復（复）　來（来）　適（适）　見（见）　過（过）　終（终）　無（无）

第四十八課 甄女

甄逸有女　年尚稚　喜書
見字輒識　諸兄謂之曰
女子當習女工　汝讀書
將焉用耶　女曰　古之賢女
未有不學　世間學問甚多
吾不讀書　何由知之

繁与简

書（书）　見（见）　輒（辄）　識（识）　諸（诸）　謂（谓）　當（当）　習（习）　讀（读）　將（将）　賢（贤）　學（学）　間（间）　問（问）

第四十九課　粉

崔女晨至鄰家　見鄰女獨坐窗前　對鏡撲粉　崔女曰　人之美醜　出於自然　何必用粉　且粉中有鉛　能傷皮膚　久用之　則面黃多瘢　非衛生之道也

繁与简

鄰（邻）見（见）獨（独）對（对）鏡（镜）撲（扑）醜（丑）於（于）鉛（铅）傷（伤）膚（肤）則（则）衛（卫）

第五十課　日時

一日一夜　分為十二時　子丑寅卯　辰巳午未　申酉戌亥是也

夏日長而夜短　冬日短而夜長　夜半為子　日中為午　午前曰上午　午後曰下午

繁与简

時（时）　爲（为）　長（长）　後（后）

午子
未丑
申寅
酉卯
戌辰
亥巳
XII
I
II
III
IIII
V
VI
VII
VIII
IX
X
XI

第五册

第二十課

桑

桑有二種。曰野桑、曰家桑。野桑

繁与简　種（种）

隨地生長，幹高枝密，不易枯萎。家桑短小，多栽於田間，發生較早，葉大而茂，最宜育蠶之用。但歷十餘年，樹老而葉少，必鋤其根，更以桑秧種之。

第二十一課 蠶

繁与简

隨（随） 長（长） 幹（干） 於（于） 間（间） 發（发） 較（较） 葉（叶） 蠶（蚕） 歷（历） 餘（馀） 樹（树） 鋤（锄）

春夏之交。蠶子始孵化。蠕蠕如黑蟻。稍長而蛻。凡四次。經三四十日。吐絲作繭。

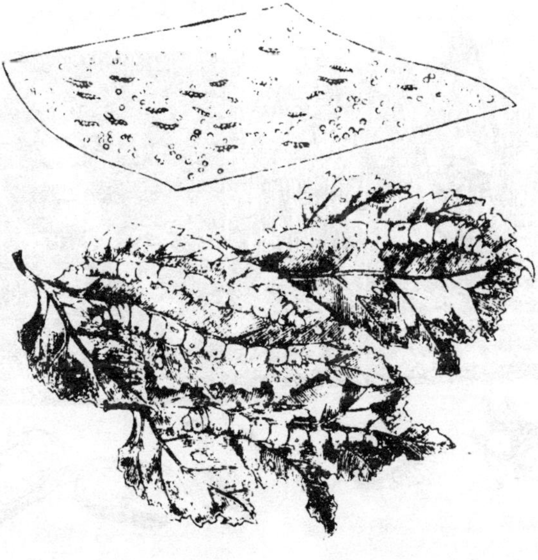

繁与简

蠶（蚕）蟻（蚁）長（长）經（经）絲（丝）繭（茧）

絲盡。化為蛹。伏於繭中。不食不動。又旬日成蛾。乃破繭而出。蛾復生子。至明年。

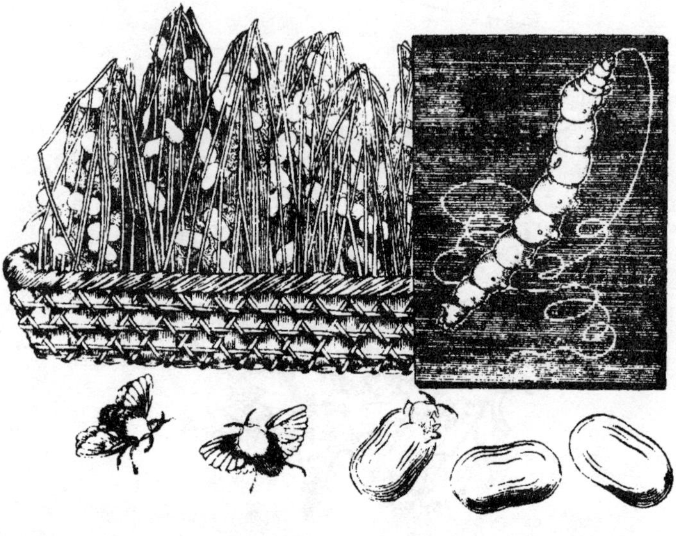

繁与简

盡（尽）　爲（为）　於（于）　動（动）　復（复）

又孵化而為蠶。

第二十二課　繅絲

蛾既破繭，則絲斷而不可繅。故欲繅絲，必用未破之繭。其法煮繭釜中，溶其膠質。乃尋其緒以抽之，捲於繅車之上。如繭多不

繁与简

繅（缫）　絲（丝）　繭（茧）　則（则）　斷（断）　膠（胶）　質（质）　尋（寻）　緒（绪）　捲（卷）　於（于）　車（车）

及繅．先以火烘乾之．使蛹死不復成蛾。可以久藏不壞。

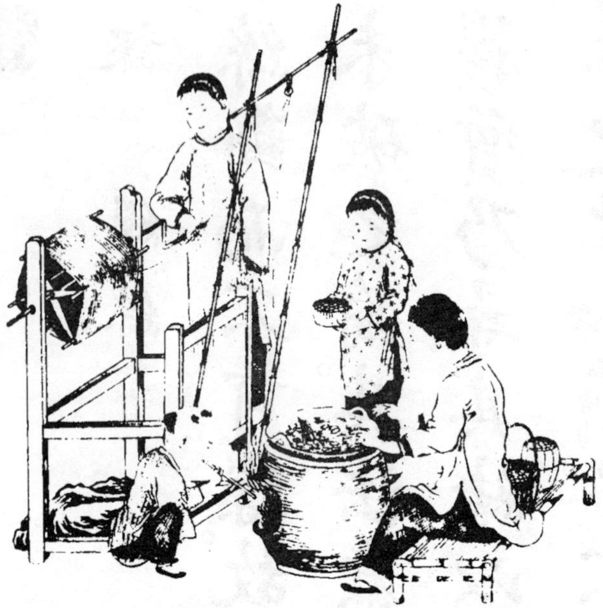

繁与简

乾（干）

復（复）

壞（坏）

第二十五课　造花

魏女喜习手工。尤善造花。假日。其戚访之。见瓷瓶中。

繁与简
習（习）
訪（访）
見（见）

插梅花數枝，紅白相映，若新採自樹上者。訝曰，時已初夏，焉有梅花。及審視之，方知爲人造之假花也。

第二十六課　花

宅旁闢隙地，蒔花卉。學業之暇，

繁与简

數（数）紅（红）採（采）樹（树）訝（讶）時（时）審（审）視（视）爲（为）闢（辟）蒔（莳）學（学）業（业）

散步其間。聞其香。觀其色。神情為之一爽。

花之盛開。多在二三月。夏日次之。秋冬之際。亦有耐寒之品。冒霜雪而開花者。故園庭之間。選種適宜。則四時皆有花矣。

繁与简

間（间）　聞（闻）　觀（观）　爲（为）　開（开）　際（际）　園（园）　選（选）　種（种）　適（适）　則（则）　時（时）

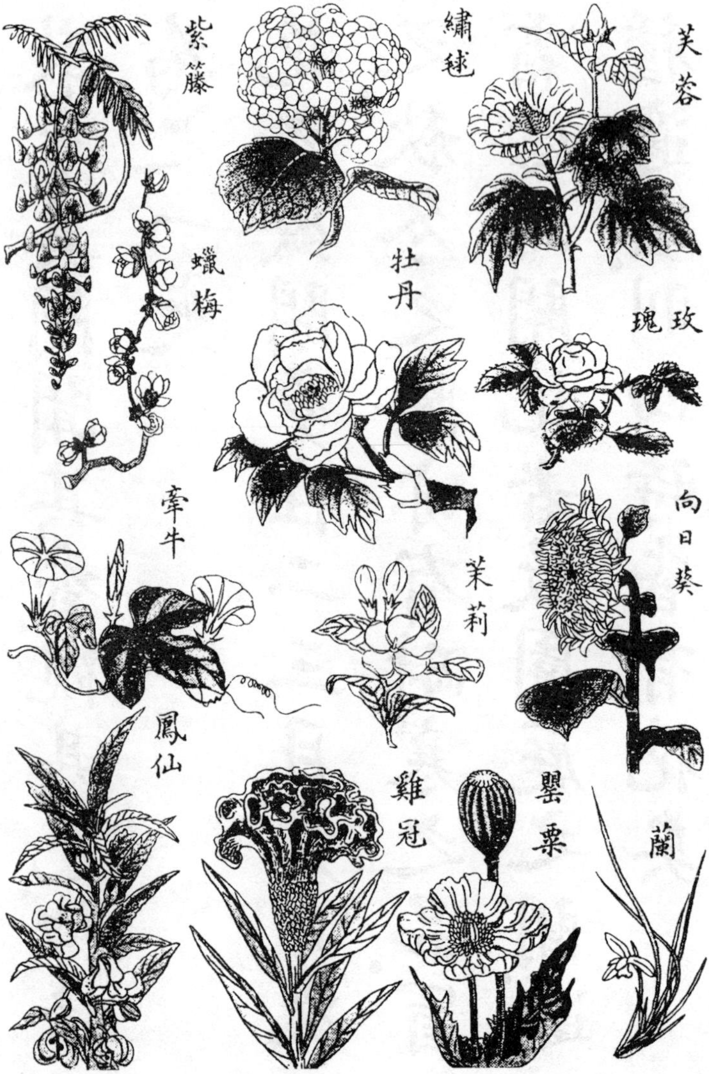

繁与简

繡（绣） 毬（球） 籐（藤） 蠟（蜡） 牽（牵） 蘭（兰） 罌（罂） 雞（鸡） 鳳（凤）

第三十三课　造屋

造屋之法。屋基宜高。所以遠潮溼也。溝道宜廣。所以洩豬穢也。窗戶宜多。所以通空氣。透日光也。廚房廁所。宜隔遠。所以避煙灰及濁氣也。否則不合衛生。人居其中。必多疾病。

繁与简

遠（远）溼（湿）溝（沟）廣（广）洩（泄）豬（潴）穢（秽）氣（气）廚（厨）廁（厕）煙（烟）濁（浊）則（则）衛（卫）

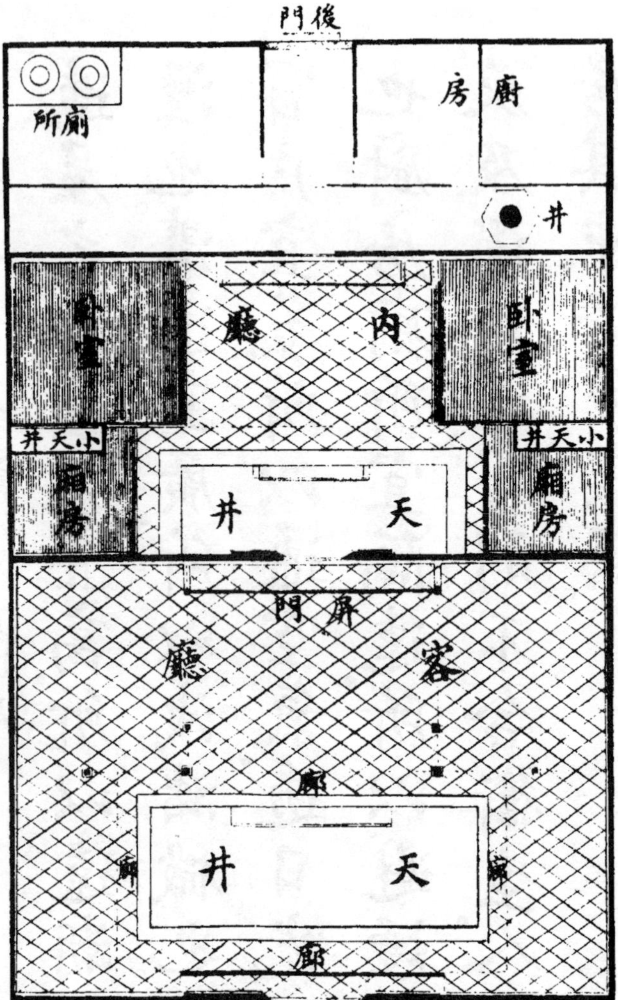

繁与简

後（后）　門（门）　廂（廂）　廳（厅）

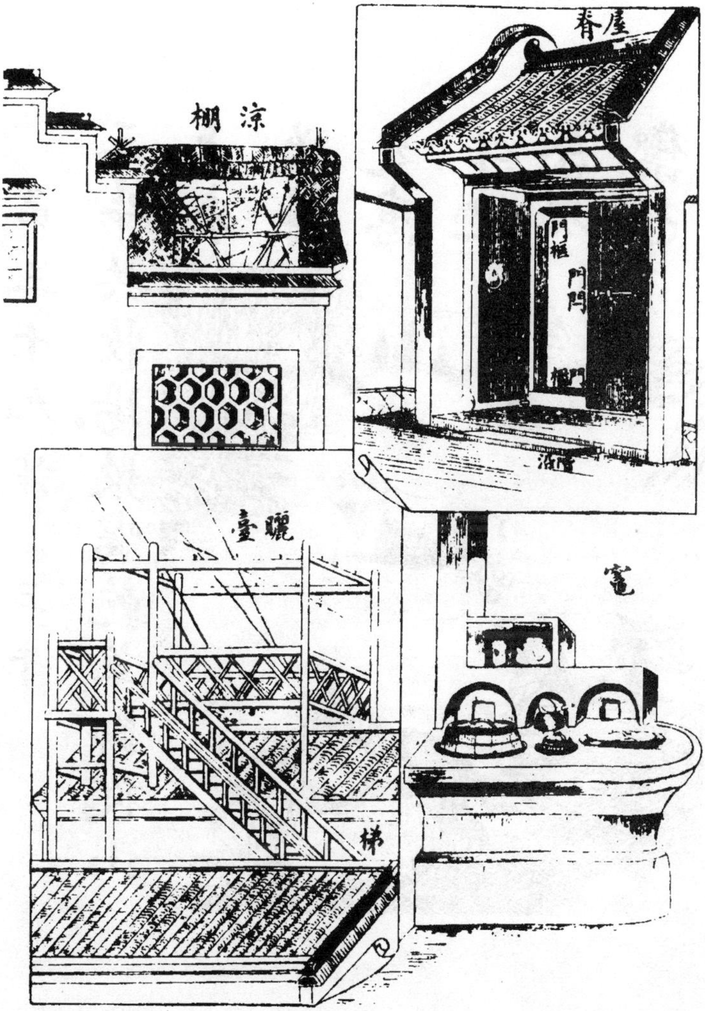

繁与简

樞（枢）
門（门）
檻（槛）
階（阶）
涼（凉）
竈（灶）
曬（晒）
臺（台）

第三十九课 三牛

三牛共牧場。聚囓乾草。獅從山上來。欲搏之。牛之患之。合以禦己

繁与简

場（场）
囓（啮）
乾（干）
獅（狮）
從（从）
禦（御）

也。不敢遽進。試吼以懼之。牛果散匿。獅喜。先搏小牛。小牛哀鳴。大牛莫敢援。既殺小牛。以次及大者。三牛皆死。

第四十課　象

印度有婦人。以賣菜爲業。每見

繁与简
進（进）試（试）懼（惧）鳴（鸣）殺（杀）婦（妇）賣（卖）爲（为）業（业）見（见）

象至．必以餘菜飼之。一日．象乘怒而出．路人奔避。婦有幼子．方嬉於路．未及抱之．惶急無措。及象至．熟視婦子．捲以鼻．置於路側．竟無所傷。

繁与简

餘（馀）
飼（饲）
婦（妇）
於（于）
無（无）
視（视）
捲（卷）
側（侧）
傷（伤）

第六册

第四課　戒傲慢

一富家兒。性傲慢。見他人衣冠。有不如己者。輒不為禮。母曰。人之貴賤。分於學問。有學問則人重之。無學問則人輕之。今汝自恃其富。不知求學。徒招人之輕侮耳。兒自是勤學。習於謙讓。不敢以富驕人。

繁与简

兒（儿）見（见）輒（辄）爲（为）禮（礼）貴（贵）賤（贱）於（于）學（学）問（问）則（则）無（无）輕（轻）習（习）謙（谦）讓（让）驕（骄）

第十三課 跳繩

諸生集體操場。為跳繩之戲。就場中作圓陣。各持一繩。向上擲之。繩自身後。繞頂而前。將及地。則跳而越之。且擲且跳。旋繞不已。久之。

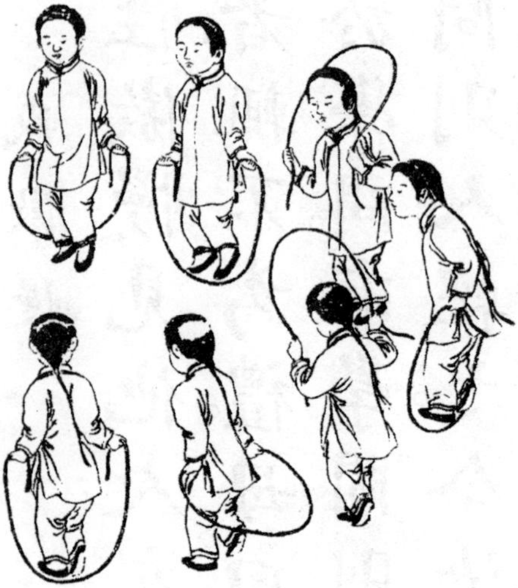

繁与简

繩（绳） 諸（诸） 體（体） 場（场） 爲（为） 戲（戏） 圓（圆） 陣（阵） 擲（掷） 後（后） 繞（绕） 頂（顶） 將（将） 則（则）

力漸疲、次第休止。中有一人、休止最遲。諸生皆拍掌賀之。

繁与简

漸（渐）　遲（迟）　賀（贺）

第十四課　菜圃

宅旁隙地。闢為菜圃。四面圍短垣。垣内耕土作畦。雜蒔菘、莧之屬。其牽纏於垣上者。則豆藤及瓜蔓也。晨夕之暇。灌溉不缺。故產蔬極肥。一家所食。取給於是。勿虞不足。有時設筵餉客。且藉以佐膳焉。

繁与简

闢（辟）　爲（为）　圍（围）　雜（杂）　蒔（莳）　屬（属）　牽（牵）　纏（缠）　於（于）　則（则）　産（产）　極（极）　給（给）　時（时）　設（设）　餉（饷）　藉（借）

第二十八課　烹飪

吾人常食之品。米。麥。豆。菽。所以充飢者也。魚。肉。蔬。蓏。所以佐膳者也。烹飪之法。因物而異。或煮而食之。或蒸而食之。或煎炒而食之。

食品不良。最易致病。故物之有惡味者。或已腐敗者。皆不可食。薑。椒。葱。蒜。其味辛辣。多食之亦足傷身。烹調者所宜知也。

【繁与简】

飪（饪）
麥（麦）
飢（饥）
魚（鱼）
異（异）
惡（恶）
敗（败）
薑（姜）
傷（伤）
調（调）

【注释】

蓏，音裸，是瓜类果实。

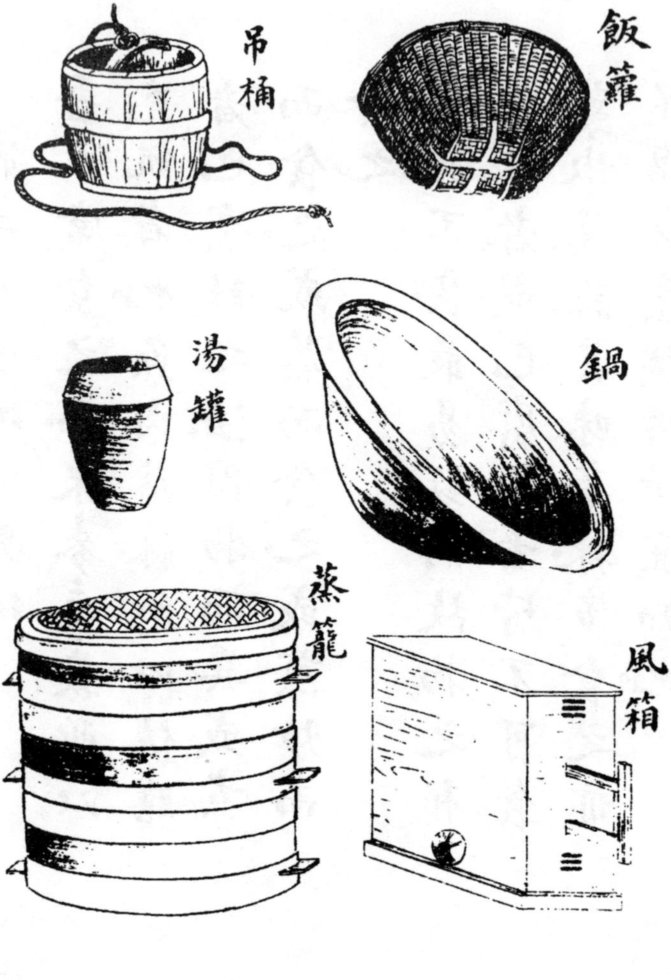

繁与简

飯（饭）
籮（箩）
鍋（锅）
湯（汤）
風（风）
籠（笼）

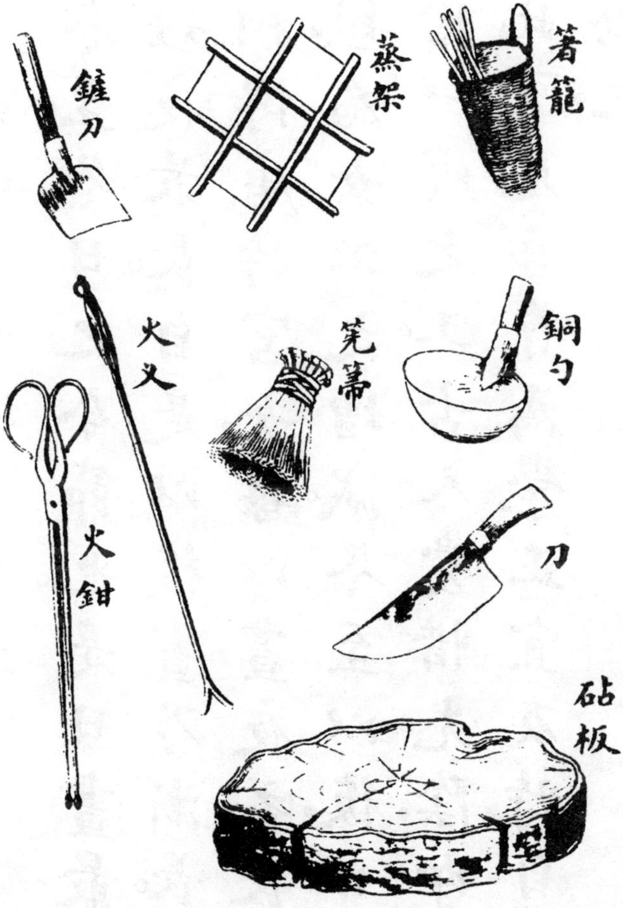

繁与简

鏟（铲）
銅（铜）
箒（帚）
鉗（钳）

第四十四課　冬至

冬至，冬日之令節也。是日晝最短，夜最長。自是以後，晝乃漸長。相傳唐時宮女，每以晝夜之長短，為女工之增減。冬至以後，日增一綫之工。古人愛惜光陰，即此可見。吾曹為學，正宜及時自勵也。

繁与简

節（节）　晝（昼）　長（长）　後（后）　漸（渐）　傳（传）　時（时）　減（减）　綫（线）　愛（爱）　陰（阴）　見（见）　爲（为）　學（学）　勵（励）

第七册

第六课 守时刻

褚女常晏起、不能依时入学。师责之、乃嘱其姊曰、明晨必促吾起。及时、姊唤之。妹曰、时尚早、盍稍待。姊曰、学堂功课有定时、晏起必误时刻。且昨宵之言、岂忘之耶。女闻言大愧、遂整衣起。早餐既毕、从容赴学。归谢姊曰、今日入学、能不后时者、姊之力也。

繁与简

時（时） 學（学） 師（师） 責（责） 囑（嘱） 課（课） 誤（误） 豈（岂） 聞（闻） 畢（毕） 從（从） 歸（归） 謝（谢） 後（后）

第十二課　鳥

鳥類之體。徧生羽毛。前肢為翼。能飛行空中。亦有游泳水中者。其足趾間。聯以蹼。謂之水鳥。

鳥類之嘴。為堅硬之角質。無齒。故食物不嚼。

獸之骨。皆有骨髓。鳥骨則中空。毛管亦然。故質輕而善飛。

獸皆胎生。鳥則卵生。鳥卵必孵之。而後成雛。

繁与简

鳥（鸟）類（类）體（体）徧（遍）爲（为）飛（飞）閒（间）聯（联）謂（谓）堅（坚）質（质）無（无）齒（齿）獸（兽）則（则）輕（轻）後（后）雛（雏）

繁与简

鷹（鹰）鴟（鸱）鵲（鹊）鴿（鸽）鸚（鹦）鵡（鹉）烏（乌）鶴（鹤）鵪（鹌）鶉（鹑）鷺（鹭）鵝（鹅）雞（鸡）鴨（鸭）鴛（鸳）鴦（鸯）

第二十四课　農

農夫居鄉。以耕爲業。若麥。若稻。若豆。棉。若蔬菜。皆次第下種。終歲勤動。無失其時。不幸而遇螟。蝗。或水。旱。風。雹。則收穫之物。常致不稔。且當其耕作也。必藉牲畜以助之。肥料以培之。而一切應用之農具。又不能有所缺。農之勞費如此。彼安坐而食者。不可不念其功也。

繁与简

農（农）鄉（乡）爲（为）業（业）麥（麦）種（种）終（终）歲（岁）動（动）無（无）時（时）風（风）則（则）穫（获）當（当）藉（借）應（应）勞（劳）費（费）

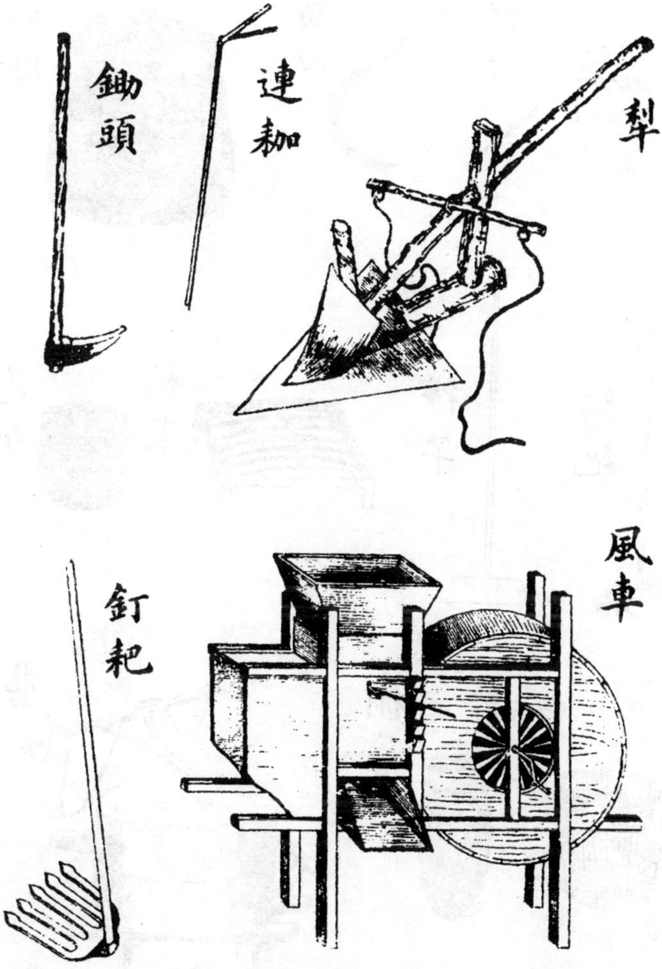

繁与简

連（连）

鋤（锄）

頭（头）

車（车）

釘（钉）

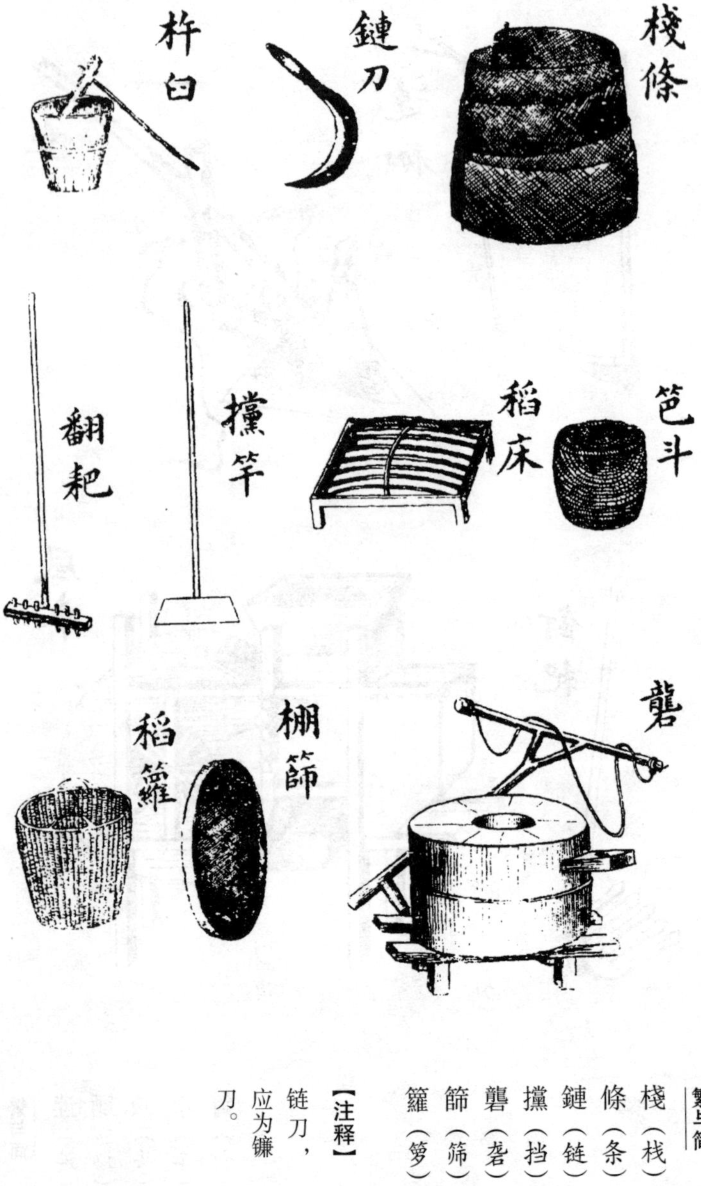

繁与简

棧（栈）

條（条）

鏈（链）

攩（挡）

礱（砻）

篩（筛）

籮（箩）

【注释】

链刀，应为镰刀。

第八册

第一課　明馬皇后

明太祖皇后馬氏，仁而有智。好書史。太祖有劄記，輒命后掌之，雖倉卒未嘗忘。嘗從太祖在軍，親緝衣鞋，以佐軍需。軍中有戰事，又時發金帛，以犒將士。太祖既即帝位，冊封為皇后。后率內外命婦，親蠶於北郊，以為祭祀衣服。自奉甚儉，衣雖敝，不忍易。嘗取製衣餘帛，緝為巾褥，以賜諸王妃及公主。曰，生長富貴，當令知蠶桑之不易也。

繁与简

馬（马）　婦（妇）
書（书）　蠶（蚕）
記（记）　於（于）
輒（辄）　儉（俭）
雖（虽）　雖（虽）
倉（仓）　製（制）
嘗（尝）　餘（余）
從（从）　賜（赐）
軍（军）　諸（诸）
親（亲）　長（长）
緝（缉）　貴（贵）
戰（战）　當（当）
時（时）
發（发）
將（将）
冊（册）
爲（为）

第三課 蟲

蟲、動物之小者也。種類甚多、或高飛空中、或跂行陸地、間有游泳於水中者。其生殖最易。性畏寒。秋、冬霜雪降、蟲多死。其不死者、深伏土中、不飲不食、名曰蟄。及春暖、蟄者復出、死蟲之遺卵、亦先後孵化矣。

蠶吐絲、蜂釀蜜、此蟲類之宜飼育者也。書生蠹、木生蛀、螟蝗能害稼、蚊、蠅、蚤、蝨能害人、此蟲類之宜殺除者也。

繁与简

蟲（虫）動（动）種（种）類（类）飛（飞）陸（陆）間（间）於（于）飲（饮）蟄（蛰）復（复）遺（遗）後（后）蠶（蚕）絲（丝）釀（酿）飼（饲）書（书）蝨（虱）殺（杀）

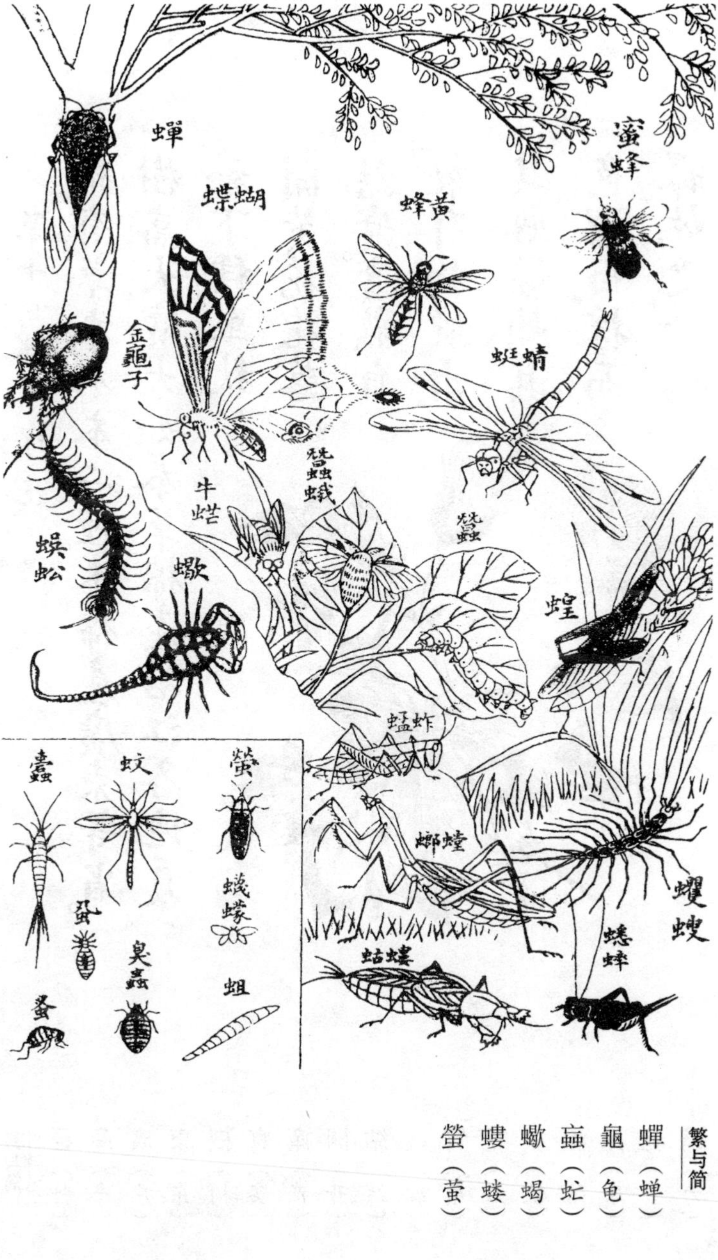

繁与简

蟬（蝉）
龜（龟）
蝱（虻）
蠍（蝎）
螻（蝼）
螢（萤）

第十一課 棉花

棉有草本木本二種。木棉產廣東等省。樹高大。實大如拳。草棉產沿江各地。夏初下種。至秋開黃花。花落結實。實熟自裂，有物綻出，其質鬆輭，其色潔白，採而曝乾之，即為

繁与简

種（种）產（产）廣（广）東（东）樹（树）實（实）產（产）開（开）結（结）綻（绽）質（质）鬆（松）輭（软）潔（洁）採（采）乾（干）爲（为）

棉花。其中有子，用機軋去。然後彈以為絮。搓以為條。紡以為紗。織以為布。舊時織布之機，專恃人力，需時多，成功難。今人改用汽機，自軋子而彈絮，而搓條，而紡紗，而織布，不及數時，即已畢事，便孰大焉。

繁与简

機（机）　軋（轧）　後（后）　彈（弹）　條（条）　紡（纺）　紗（纱）　織（织）　舊（旧）　時（时）　專（专）　難（难）　數（数）　畢（毕）

第三十二課　音樂

審察聲音。而施之以節拍。是為音樂。音樂感人最深。能使人樂。能使人悲。能使人肅莊。能使人奮起。其為器也。或絲。或竹。或金革。其為聲也。輕重高下。各有定法。有時若抑而忽揚。由徐而轉疾。則音響美妙。益能動人。古之學校。禮樂並習。禮以節其進退。樂以和其心志。今學堂中。有唱歌一科。蓋亦行古之道也。

繁与简
樂（乐）　並（并）
審（审）　習（习）
聲（声）　進（进）
節（节）　蓋（盖）
爲（为）
肅（肃）
莊（庄）
奮（奋）
絲（丝）
輕（轻）
時（时）
揚（扬）
轉（转）
則（则）
響（响）
動（动）
學（学）
禮（礼）

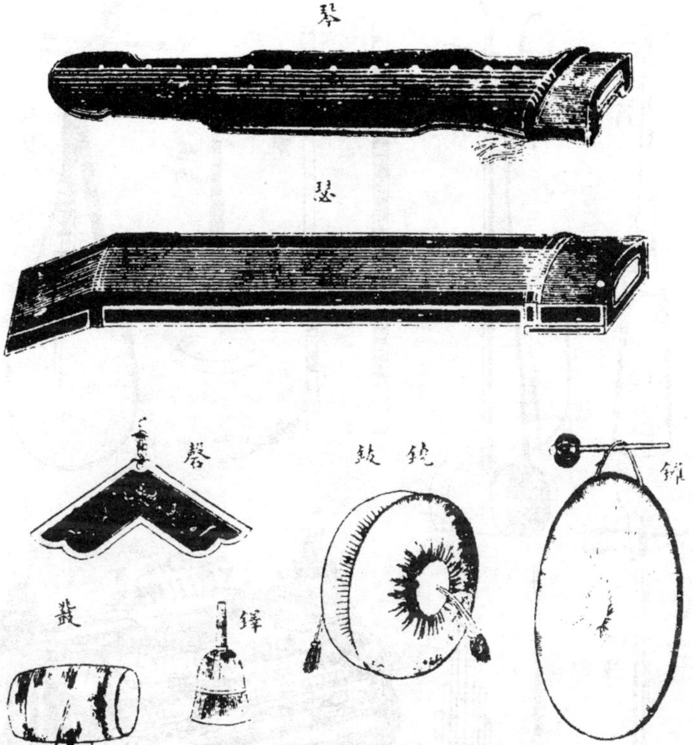

繁与简

鑼（锣）　鐃（铙）　鈸（钹）　鐸（铎）　鐘（钟）

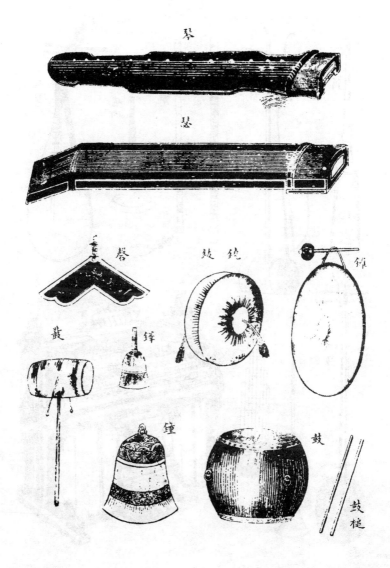

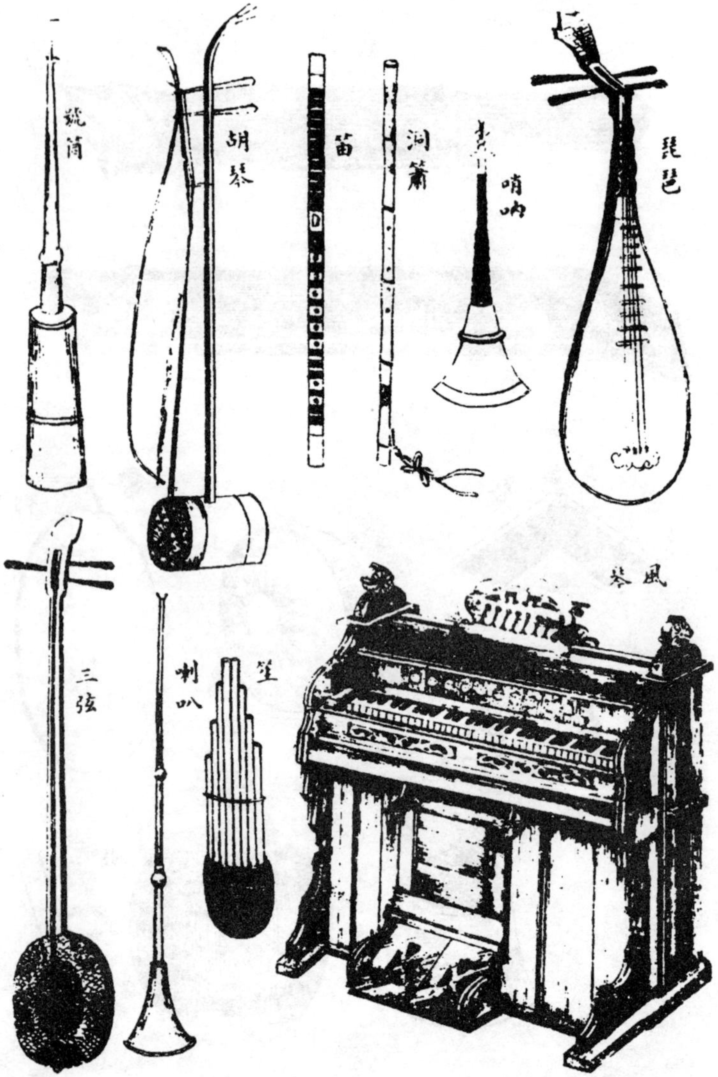

繁与简

簫（箫）

號（号）

風（风）

【注释】哨吶，应为唢呐。

第四十五課　兵

鳥有爪距。獸有蹄角。皆所以自衛也。國以兵為衛。譬之爪距與蹄角也。今之世界。任兵役者。多為男子。女子無與焉。然遇國有兵事。勝則同蒙其福。敗則同受其禍。故女子雖不任兵役。其關係固甚切也。

昔越王勾踐。為吳所敗。日以國恥申警其民。其女子亦知尚武。及伐吳之日。母戒其子。婦勉其夫。曰。有君如此。可毋死乎。故其師有進無退。卒以滅吳。然則兵之強弱。女子固與有責矣。

繁与简

鳥（鸟）　獸（兽）　衛（卫）　國（国）　爲（为）　與（与）　無（无）　勝（胜）　則（则）　敗（败）　禍（祸）　雖（虽）　關（关）　係（系）　踐（践）　吳（吴）　恥（耻）　婦（妇）　師（师）　進（进）　滅（灭）　責（责）

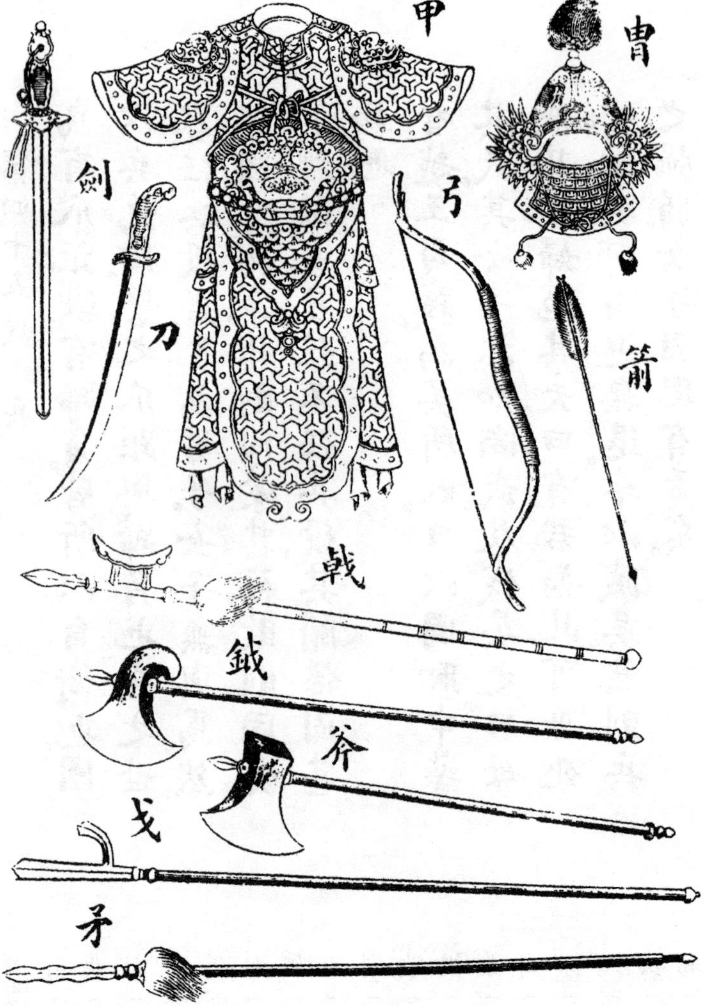

繁与简

劍（剑）

鉞（钺）

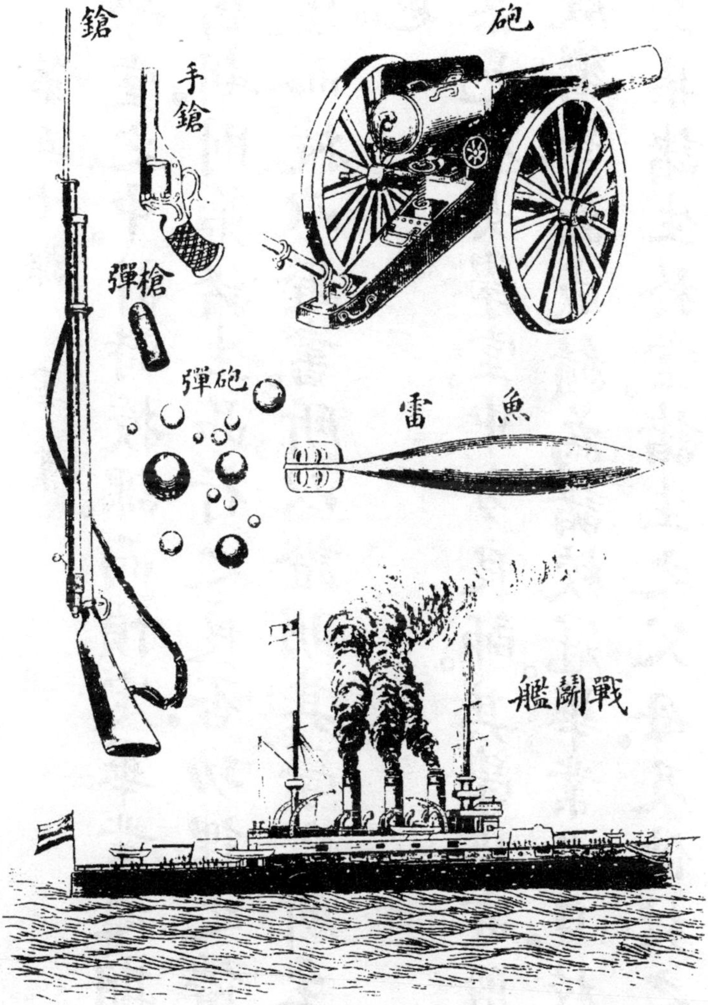

繁与简

砲（炮）鎗（枪）槍（枪）彈（弹）魚（鱼）戰（战）鬬（斗）艦（舰）

第五十課　畢業

學堂之中。計時授課。而預定畢業之期。屆期。則第諸生品行之良否。功課之優劣。而授以證書。所以證明其學之所至也。

某邑有女學堂。中多良師。其學生亦殷嚮學。故成績爲諸校冠。畢業之日。校長集諸生於堂。諸生之父母。及他校之

繁与简

畢（毕）業（业）學（学）計（计）時（时）課（课）預（预）則（则）諸（诸）優（优）證（证）書（书）師（师）嚮（向）績（绩）爲（为）長（长）於（于）

教師咸蒞。校長既授證書。更演說女子之所當務。以勗學生。旁觀皆拍掌稱善。

附演說稿

今天本學堂初等小學班畢業發給證書發給獎賞我看諸生功課很好實在替諸生歡喜怎麼不同諸生道賀呢但是我還有幾句話要告訴諸生我們中國從前的女子雖然沒有進學堂天天在家裏幫着娘做針線弄飯菜卻不失女孩子的本分不過沒有進過學堂智識總覺有限現在的女學生知識自然比他們好點卻是有一種毛病自己看得太高那麼針綫飯菜的事情都不肯去幹諸生

繁与简

蒞（莅） 說（说） 當（当） 務（务） 觀（观） 稱（称） 發（发） 給（给） 獎（奖） 賞（赏） 實（实） 歡（欢） 麼（么） 賀（贺） 還（还） 幾（几） 話（话） 訴（诉） 們（们）

國（国） 從（从） 雖（虽） 進（进） 裏（里） 幫（帮） 針（针） 線（线） 飯（饭） 卻（却） 過（过） 識（识） 總（总） 覺（觉） 現（现） 點（点） 種（种） 綫（线） 幹（干）

要曉得家裏的事情是要女子做的就是東洋西洋無論那一箇頂文明的國他們教女子的方法都是要能彀料理家事的

從前的女子嬌養慣了躲在房子裏偶然碰見男子就羞羞怯怯怕的了不得這箇固然不好現在不好的女子又變一箇樣子成羣結隊故意混入男子裏頭什麼都不怕動不動就開口罵人這又是荒唐了我勸諸生要曉得禮節大大方方不要學那羞怯的樣子更不要學那荒唐的樣子

從前的婦女專門講究穿戴一天的工夫都費在頭髻衣服上面那自然是不好但是過於隨便蓬頭亂髮又不是

繁与简

曉（晓） 開（开）
東（东） 駡（骂）
無（无） 這（这）
論（论） 勸（劝）
箇（个） 禮（礼）
頂（顶） 節（节）
嬌（娇） 專（专）
養（养） 門（门）
慣（惯） 講（讲）
見（见） 費（费）
變（变） 於（于）
樣（样） 隨（随）
羣（群） 亂（乱）
結（结） 髮（发）
隊（队）
頭（头）
動（动）

清潔齊整的道理

我講的許多話你們都懂得麽天底下的事情無論什麽

總要得中纔是太過也不好不及也不好諸生進了學堂

已經數年這些話應該是知道的但願你們牢牢記着不

要忘了到明年升了高等班那學問自然更高智識自然

更好了

繁与简

潔（洁）齊（齐）許（许）纔（才）經（经）數（数）應（应）該（该）願（愿）記（记）問（问）